Golf

Fokussieren auf den Schlag

WOLFGANG KUNER

Golf

Fokussieren auf den Schlag

Das Arbeitsbuch mit dem 9-Tage-Programm

Was Sie in diesem Buch finden

Zum Einstieg – das perfekte Fokussieren auf den Schlag

Das Foto einer Katze in einem Golfbuch? Was hat eine Katze mit Golf zu tun? Nun, unmittelbar natürlich nichts (es sei denn, sie entwendet Ihren Golfball), mittelbar aber sehr viel. Schauen Sie sich erneut das Bild an. Haben Sie schon mal eine Katze beobachtet, die teilweise stundenlang vor dem Eingang zum Mauseloch sitzt und wartet, nichts anderes sieht, hört und tut, als auf diesen Eingang zu starren? Konzentriert, nicht ablenkbar, so in ihre Arbeitswelt eingetaucht, dass man sich leise anschleichen und sie wegtragen könnte – was bei Katzen sonst eher selten möglich ist. Sie ist in dieser Zeit 100-prozentig fokussiert, eins mit ihrem Tun. Diese Fähigkeit, sich 100-prozentig fokussieren zu können, ist auch beim Golf dienlich.

Neben Selbstvertrauen und Selbstmanagement ist die Fähigkeit zu fokussieren für Spitzenleistung im Golf – und in jedem anderen Sport – von entscheidender Bedeutung. Weltklassegolfer wissen, wie sie die Stärke nutzen, sich zum richtigen Zeitpunkt optimal fokussieren zu können, sich kurzfristig in die »Zone« zu versetzen und einfach »fließen zu lassen«. Im Verlauf des 9-Tage-Programms, das ich Ihnen hier vorstellen möchte, können Sie diese Stärke – intensive Mitarbeit vorausgesetzt – ebenfalls entwickeln.

Wenn man fokussiert ist ...

»Wissen Sie, was erstaunlich ist? Man hört nichts mehr. Alles ist wie unter einer Glocke. Wenn man sich wirklich konzentriert, könnte eine Bombe explodieren und man würde es nicht hören. Es ist unglaublich, wie der Kopf das Spiel beeinflusst. Es ist wirklich wahr.«

Fuzzy Zoeller

Der Weg zum »überlegenen Fokus im Golf«

Ziel ist es, jedes Mal, wenn Sie einen Schlag vorbereiten und anschließend ausführen, einen messerscharfen Fokus zu haben, um sich auf das zu fokussieren, was dafür wichtig ist, nichts (anderes) mehr wahrzunehmen, den Kopf frei vom täglichen oder golferischen Kleinkram zu haben und den Schlag gleichsam auf Autopilot auszuführen.

Zum »überlegenen Fokus im Golf« gehört auch die Fertigkeit, sich bei Ablenkungen und Störungen oder wenn mentale Kobolde in Kopf herumtollen, refokussieren zu können. Dass der Fokus gelegentlich wandert, sich verirrt oder woanders hängen bleiben möchte, ist menschlich. Es kommt darauf an, das Abdriften zu erkennen und gegensteuern zu können.

Was ich Ihnen hiermit an die Hand geben will

Dieses Buch ist ganz bewusst als Arbeitsbuch zur praktischen Umsetzung konzipiert – es will Sie fordern. Denn mit »Dampfplaudereien« oder akademischen Weisheiten wird sich Ihr Spiel sicherlich nicht verändern. Es kommt darauf an, besser zu werden, sich zu entwickeln, gelungenere Schläge zu spielen, bessere Scores zu erzielen und: mehr Spaß zu haben.
Wenn Sie dies wollen und (etwas) Disziplin und Konsequenz mitbringen und bereit sind zum Tun, dann los!

Dieses Arbeitsbuch hilft Ihnen dabei,

- zu verstehen, worauf es für einen überlegenen Golf-Fokus ankommt;
- die Rolle des »fokussierten Golfers« einzunehmen;
- sich optimal schlagbezogen zu fokussieren;
- mit Störungen, Ablenkungen und Ihren Reaktionen darauf umzugehen;
- Ihre Fähigkeiten zu beurteilen und weiterzuentwickeln.

Dieses Arbeitsbuch ist für alle Handicap-Stufen geeignet. Den »Rabbits« mag es helfen, sich vom Technikdenken beim Schlag

Tierische Konzentrationsfähigkeit in höchster Vollendung: kein Kopfzerbrechen, kein Grübeln, keine (Sprung-)Kontrolle. Just do it.

zu lösen, freier zu schwingen und damit erfolgreichere Schläge zu produzieren. Den »Scratchern« wird es sicherlich gelingen, den mental-emotionalen Bereich ihres Spieles zu verbessern, was – bei ausgefeilt vorhandener Technik – meist die größten Fortschritte bringt und dort den Bereich, der unmittelbarste Auswirkungen auf den Schlag hat, also den Fokus zu verbessern. Den von der Spielstärke dazwischen liegenden Golfern kann es helfen, je nach individuellem Entwicklungsstand, ihre Fokusfähigkeiten zu optimieren, statt durch Unterfokussierung Chancen zu vergeben und Schläge zu verschenken.

Wie Sie dieses Programm nutzen können

- Bearbeiten und genießen Sie die Aufgaben der täglichen Kapitel, hören Sie dann die dazugehörige Audio-Spur auf der beiliegenden CD, danach trainieren Sie mit den täglichen Praxisaufgaben weiter.
- Legen Sie sich Rechenschaft über Ihren Kenntnis- und Fertigkeitsstand mit den Fragen der »täglichen Fokus-Scorecard« ab und halten Sie im Abschnitt »Ihre Notizen zu Tag X« fest, was für Sie wichtig war.
- Am Ende des Programmes (das eigentlich nie aufhört ...) erstellen Sie sich nochmals Ihr Gesamtprofil, um Ihre Entwicklung zu sehen. Mehr dazu erfahren Sie in den Abschnitten »Tag 9: Bestandsaufnahme und Weiterentwicklung Ihres Golf-Fokus« und »Bleiben Sie in Übung« (Seite 73 ff. und 82 ff.).

So bekommen Sie den »Flow«

Aristoteles schrieb, glücklich zu sein, sei der »Wunsch hinter allen anderen Wünschen«. Was ist ein Schlüssel dazu? Entgegen landläufiger Meinung nicht unbedingt Geld, ständig die neuesten Sachen zu kaufen oder schick essen zu gehen, sondern eine Vielzahl von Erlebnissen zu haben, die den sogenannten Flow bringen. »Flow« ist das beschwingende Gefühl, das man bei einem vollständig zufriedenstellenden Erlebnis hat. »Ein Erlebnis zu haben, das Flow produziert, ist so belohnend, dass es um seiner Sache willen wiederholt wird, weniger für das, was man dafür erhält. Die Tätigkeit ist ihre eigene Belohnung«, so das Positive Psychology Center der Universität Pennsylvania.

Wie kommt dieser Flow zustande?

»In einer solchen Aktivität ist die Konzentration voll auf den Moment gerichtet, Selbstwahrnehmung verschwindet und das Zeitgefühl ist aufgelöst«, heißt es weiter. Flow ist das Produkt einer vollständigen Fokussierung. Im Golf wie auch im übrigen Leben.

Viel Spaß, viel Erfolg, viel Flow mit diesem Buch, auf dem Platz und natürlich im wirklichen Leben wünscht Ihnen Ihr

Wolfgang Kuner

Tag 0 – Ihre Vorher-Nachher-Schau

Vor einigen Jahren (um genau zu sein von 1996 bis 2003) gab es auf dem Fernsehsender TM3 ein unterhaltsames und immer wieder aufs Neue verblüffendes Format: die »Vorher-Nachher-Show«. In jeder Sendung wurde den Gästen von professionellen Friseuren, Visagisten und Kleidungsexperten zu einem völlig neuen »Look« verholfen. Wir arbeiten hier zwar an Ihrem inneren »Look«, wollen uns aber den Genuss des Vergleiches Ihrer Entwicklung ebenfalls gönnen. In meinem Seminaren und Coachings gehört es zum Standard, den Status Quo der Teilnehmer vor Beginn der gemeinsamen Arbeit mit dem am Ende zu vergleichen.
Einen der dabei verwendeten Tests und einige Vorher-Nachher-Resultate finden Sie übrigens auf meiner Golf-Mental-Internetseite www.golfpower.info.

Mit dem oben genannten Test (und dem vorliegenden Buch) soll es Ihnen umgekehrt ergehen: erst die (frustierende?) Ernüchterung und dann das Erfolgserlebnis ...

Zum überlegenen Golf-Fokus mit System

In diesem Arbeitsbuch gibt es am Ende jedes Abschnitts eine tägliche Fokus-Scorecard zur Überprüfung, wo Sie stehen. Die Zusammenfassung dieser Fragen zeigt der »Gesamtfragebogen Tägliche Scorecards« auf den Seiten 11 bis 13. Die dazugehörige Auswertungstabelle »Das Auswertungsprofil 1« finden Sie auf Seite 14.
Bitte beantworten Sie als Erstes schon einmal vorab alle Fragen des Gesamtfragebogens auf Seite 11 ff. – und zwar **bevor** Sie sich in die Arbeit der täglichen Kapitel stürzen, um Ihre Einstiegswerte festzuhalten.
Als zweiten Schritt übertragen Sie bitte immer gleich am Ende jedes Tages die jeweils erreichten Tages-Scores ebenfalls in die Auswertungstabelle auf Seite 14.
Sie haben nun zwei Profile erstellt: das erste vor der Lektüre dieses Buches und das zweite danach.
Und wie gelangen Sie vom Wissen zum Können? Ganz einfach durch Tun: Zum dritten Mal füllen Sie die täglichen Scorecards bitte aus, nachdem Sie die praktischen Übungen der täglichen »Hausaufgaben« bearbeitet haben. Tragen Sie auch dieses Profil – als drittes – ein. So können Sie Ihre Entwicklung objektiviert verfolgen.

Zusammenfassung – so geht's

1. Schritt: Den Gesamtfragebogen (Seite 11 ff.) **jetzt** ausfüllen, bevor Sie mit den Folgekapiteln beginnen. Die jeweiligen Score-Summen in das Auswertungsprofil 1 auf Seite 14 eintragen und die Punke mit einer Linie verbinden, also das Profil »Vorher« zeichnen.
2. Schritt: Nach der Lektüre der einzelnen Tageskapitel die tägliche Score-Summe in das Auswertungsprofil 1 auf Seite 14 eintragen und die Punke mit einer Linie verbinden, also das Profil »Nachher 1« zeichnen.
3. Schritt: Die tägliche Fokus-Scorecard ausfüllen, nachdem Sie die jeweiligen Hausaufgaben erledigt haben, d. h. nach der praktischen Umsetzung auf Driving Range und Platz. Die Score-Summe wieder in das Auswertungsprofil 1 auf Seite 14 eintragen und die Punkte mit einer Linie verbinden, also das Profil »Nachher 2« zeichnen
4. Schritt: In Intervallen von zwei bis vier Wochen oder nach Belieben immer wieder einmal den Gesamtfragebogen ausfüllen und ein Profil erstellen. So können Sie Ihre Entwicklung beobachten und steuern.

Sie finden das Auswertungsprofil 1 als Kopiervorlage auf Seite 86 oben. Auf der beiliegenden CD befindet sich ein PC-Programm, das Ihnen Ihre Profile nach Eingabe der Tages-Scores automatisch erstellt.

Noch eine Bitte

Informieren Sie mich über Ihre Ergebnisse. Natürlich bin ich an Ihren Erfahrungen mit diesem Buch und Ihrer Entwicklung zu einem überlegenen Golf-Fokus interessiert. Senden Sie mir eine Kopie Ihrer Profile, Fragen und Kommentare an meine Mail-Adresse fokus@golfpower.info. Danke!
Und nun die Seiten 11 bis 13 ausfüllen.

Gesamtfragebogen »Tägliche Fokus-Scorecards«

Tag 1	+++	++	+	+/–	–	––	–––	
Ich verstehe, worauf es bei einem überlegenen Golf-Fokus ankommt.	7	6	5	4	3	2	1	Ich verstehe noch nicht, worauf es bei einem überlegenen Golf-Fokus ankommt.
Ich kenne die Elemente, die meinen Zone-Zustand ausmachen.	7	6	5	4	3	2	1	Ich kenne die Elemente, die meinen Zone-Zustand ausmachen, noch nicht.
Ich bin in der Lage, die für mich wichtigsten mental-emotionalen Qualitäten zu identifizieren.	7	6	5	4	3	2	1	Ich bin noch nicht in der Lage, die für mich wichtigsten mental-emotionalen Qualitäten zu identifizieren.
Ich bin in der Lage, auf dem Platz die Intensität meines Fokus zu gestalten.	7	6	5	4	3	2	1	Ich bin noch nicht in der Lage, auf dem Platz die Intensität meines Fokus zu gestalten.
Summen								Tagessumme:
Tag 2	**+++**	**++**	**+**	**+/–**	**–**	**––**	**–––**	
Ich verstehe, dass unterschiedliche Störungen meinen Golf-Fokus ablenken können.	7	6	5	4	3	2	1	Ich verstehe noch nicht, was mit Störungen oder Ablenkungen meines Golf-Fokus gemeint ist.
Ich kenne die für mich intensivsten und häufigsten Störungen oder Ablenkungen.	7	6	5	4	3	2	1	Ich kenne die für mich intensivsten und häufigsten Störungen oder Ablenkungen noch nicht.
Ich bin in der Lage, Störungen oder Ablenkungen meines Golf-Fokus wahrzunehmen.	7	6	5	4	3	2	1	Ich bin noch nicht in der Lage, Störungen oder Ablenkungen meines Golf-Fokus wahrzunehmen.
Störungen/Ablenkungen sehe ich gelassener entgegen als bisher.	7	6	5	4	3	2	1	Störungen/Ablenkungen sehe ich noch nicht gelassener entgegen als bisher.
Summen								Tagessumme:
Tag 3	**+++**	**++**	**+**	**+/–**	**–**	**––**	**–––**	
Ich verstehe, was es mir bringen kann, sich über die eigenen Reaktionsmuster bei Störungen und Ablenkungen bewusst zu werden.	7	6	5	4	3	2	1	Ich verstehe noch nicht, was es mir bringen kann, sich über die eigenen Reaktionsmuster bei Störungen und Ablenkungen bewusst zu werden.
Ich kann meine typischen Reaktionen auf meine Hauptstörungen und -ablenkungen erkennen.	7	6	5	4	3	2	1	Ich kann meine typischen Reaktionen auf meine Hauptstörungen und -ablenkungen noch nicht erkennen.
Ich kann mich mit dem Gedanken, meine Reaktionen auf Störungen und Ablenkungen bewusst zu steuern, anfreunden.	7	6	5	4	3	2	1	Ich kann mich mit dem Gedanken, meine Reaktionen auf Störungen und Ablenkungen bewusst zu steuern, noch nicht anfreunden.
Es fällt mir zunehmend leichter, bei Störungen oder Ablenkungen mir meiner Reaktionen darauf bewusst zu werden.	7	6	5	4	3	2	1	Es fällt mir noch nicht leichter, bei Störungen oder Ablenkungen mir meiner Reaktionen darauf bewusst zu werden.
Summen								Tagessumme:

Gesamtfragebogen »Tägliche Fokus-Scorecards«

Tag 4	+++	++	+	+/–	–	––	–––	
Ich verstehe, was schlagbezogene Informationen sind.	7	6	5	4	3	2	1	Ich verstehe noch nicht, was schlagbezogene Informationen sind.
Ich kann die schlagbezogenen Informationen für meine unterschiedlichen Schläge identifizieren.	7	6	5	4	3	2	1	Ich kann die schlagbezogenen Informationen für meine unterschiedlichen Schläge noch nicht identifizieren.
Ich bin in der Lage, mich vollständig auf die jeweils wichtigen schlagbezogenen Informationen zu fokussieren.	7	6	5	4	3	2	1	Ich bin noch nicht in der Lage, mich vollständig auf die jeweils wichtigen schlagbezogenen Informationen zu fokussieren.
Bei Störungen oder Ablenkungen fällt es mir leicht, mich wieder schlagbezogenen Informationen zuzuwenden.	7	6	5	4	3	2	1	Bei Störungen oder Ablenkungen fällt es mir noch nicht leicht, mich wieder schlagbezogenen Informationen zuzuwenden.
Summen								Tagessumme:
Tag 5	**+++**	**++**	**+**	**+/–**	**–**	**––**	**–––**	
Ich verstehe, was schlagunwichtige Informationen sind.	7	6	5	4	3	2	1	Ich verstehe noch nicht, was schlagunwichtige Informationen sind.
Ich kann die schlagunwichtigen Informationen für die unterschiedlichen Schläge identifizieren.	7	6	5	4	3	2	1	Ich kann die schlagunwichtigen Informationen für die unterschiedlichen Schläge noch nicht identifizieren.
Ich bemerke, wenn ich mich mit schlagunwichtigen Informationen beschäftige.	7	6	5	4	3	2	1	Ich bemerke noch nicht, wenn ich mich mit schlagunwichtigen Informationen beschäftige.
Ich weiß, auf welche schlagbezogenen Informationen ich mich anstelle der schlagunwichtigen fokussieren kann.	7	6	5	4	3	2	1	Ich weiß noch nicht, auf welche schlagbezogenen Informationen ich mich anstelle der schlagunwichtigen fokussieren kann.
Summen								Tagessumme:
Tag 6	**+++**	**++**	**+**	**+/–**	**–**	**––**	**–––**	
Ich verstehe die unterschiedlichen Fokusbereiche im Golf.	7	6	5	4	3	2	1	Ich verstehe die unterschiedlichen Fokusbereiche im Golf noch nicht.
Ich weiß, was golfspezifisch in die einzelnen Fokusbereiche gehört.	7	6	5	4	3	2	1	Ich weiß noch nicht, was golfspezifisch in die einzelnen Fokusbereiche gehört.
Ich kann schnell zwischen den einzelnen Fokusbereichen hin- und herschalten.	7	6	5	4	3	2	1	Ich kann noch nicht schnell zwischen den einzelnen Fokusbereichen hin- und herschalten.
Anti-Fokus-Kobolde kann ich links liegen lassen.	7	6	5	4	3	2	1	Anti-Fokus-Kobolde kann ich noch nicht links liegen lassen.
Summen								Tagessumme:

Gesamtfragebogen »Tägliche Fokus-Scorecards«

Tag 7	+++	++	+	+/–	–	––	–––	
Ich verstehe, worauf es beim Refokussieren ankommt.	7	6	5	4	3	2	1	Ich verstehe noch nicht, worauf es beim Refokussieren ankommt.
Ich verstehe, wie ich mich mit den drei Ws refokussieren kann.	7	6	5	4	3	2	1	Ich verstehe noch nicht, wie ich mich mit den drei Ws refokussieren kann.
Ich bin auf die für mich wesentlichen Störungen und Ablenkungen intensiv vorbereitet.	7	6	5	4	3	2	1	Ich bin auf die für mich wesentlichen Störungen und Ablenkungen noch nicht intensiv vorbereitet.
Ich kann mich mit den drei Ws schnell und effektiv refokussieren.	7	6	5	4	3	2	1	Ich kann mich mit den drei Ws noch nicht schnell und effektiv refokussieren.
Summen								Tagessumme:

Tag 8	+++	++	+	+/–	–	––	–––	
Ich verstehe, worum es bei der Rolle des fokussierten Golfers geht.	7	6	5	4	3	2	1	Ich verstehe noch nicht, worum es bei der Rolle des fokussierten Golfers geht.
Ich weiß, wie sich »fokussierter Golfer« für mich persönlich definiert.	7	6	5	4	3	2	1	Ich weiß noch nicht, wie sich »fokussierter Golfer« für mich persönlich definiert.
Es fällt mir leicht, meine Alltagsthemen vor Training oder Spiel beiseitezulegen.	7	6	5	4	3	2	1	Es fällt mir noch nicht leicht, meine Alltagsthemen vor Training oder Spiel beiseitezulegen.
Ich kann bewusst in die Rolle des »fokussierten Golfers« wechseln.	7	6	5	4	3	2	1	Ich kann noch nicht bewusst in die Rolle des »fokussierten Golfers« wechseln.
Summen								Tagessumme:

Tag 9	+++	++	+	+/–	–	––	–––	
Ich verstehe, wie ich meine Fokusfähigkeiten beurteilen kann.	7	6	5	4	3	2	1	Ich verstehe noch nicht, wie ich meine Fokusfähigkeiten beurteilen kann.
Ich verstehe, wie ich meine Stärken und Weiterentwicklungsmöglichkeiten herausarbeiten kann.	7	6	5	4	3	2	1	Ich verstehe noch nicht, wie ich meine Stärken und Weiterentwicklungsmöglichkeiten herausarbeiten kann.
Ich finde es wichtig, mir (in gewissen Zeitabständen) einen objektiven Überblick über den Stand meiner Fokusfähigkeiten zu verschaffen.	7	6	5	4	3	2	1	Ich finde es noch nicht wichtig, mir (in gewissen Zeitabständen) einen objektiven Überblick über den Stand meiner Fokusfähigkeiten zu verschaffen.
Ich bin entschlossen, an der Entwicklung eines überlegenen Golf-Fokus weiterzuarbeiten.	7	6	5	4	3	2	1	Ich bin noch nicht entschlossen, an der Entwicklung eines überlegenen Golf-Fokus weiterzuarbeiten.
Summen								Tagessumme:

Das Auswertungsprofil 1 der täglichen Fokus-Scorecards

Tragen Sie in die Tabelle unten die jeweiligen Tages-Scores ein und verbinden Sie die Datenpunkte mit einer Linie, dann schreiben Sie das Datum dazu an den Rand. Das aktuelle Profil analysieren Sie zunächst für sich, dann betrachten Sie die Entwicklungen im Vergleich mit den bisherigen Profilen. Zur Einordnung der Scores:

- mit dunkler werdendem Grün = zunehmend auf der sicheren Seite
- gelb = kritischer Bereich
- rot = Handlungsbedarf, je dunkler, desto dringlicher

Als Fazit stellen Sie nun den Handlungsbedarf fest. Danach planen Sie die nächsten Schritte, und schließlich setzen Sie diese auch um.

Das Auswertungsprofil 2 der täglichen Fokus-Scorecards

Alternativ können Sie für Ihre Auswertung das beigefügte PC-Programm nutzen, das Sie auf der CD finden. Geben Sie einfach Datum und Scores ein, die Grafik wird automatisch erstellt und beim Befehl »Drucken« erhalten Sie eine Seite mit Datentabelle und Grafik. Einen Musterausdruck sehen Sie auf Seite 15.

Auswertungsprofil 1 der täglichen Fokus-Scorecards

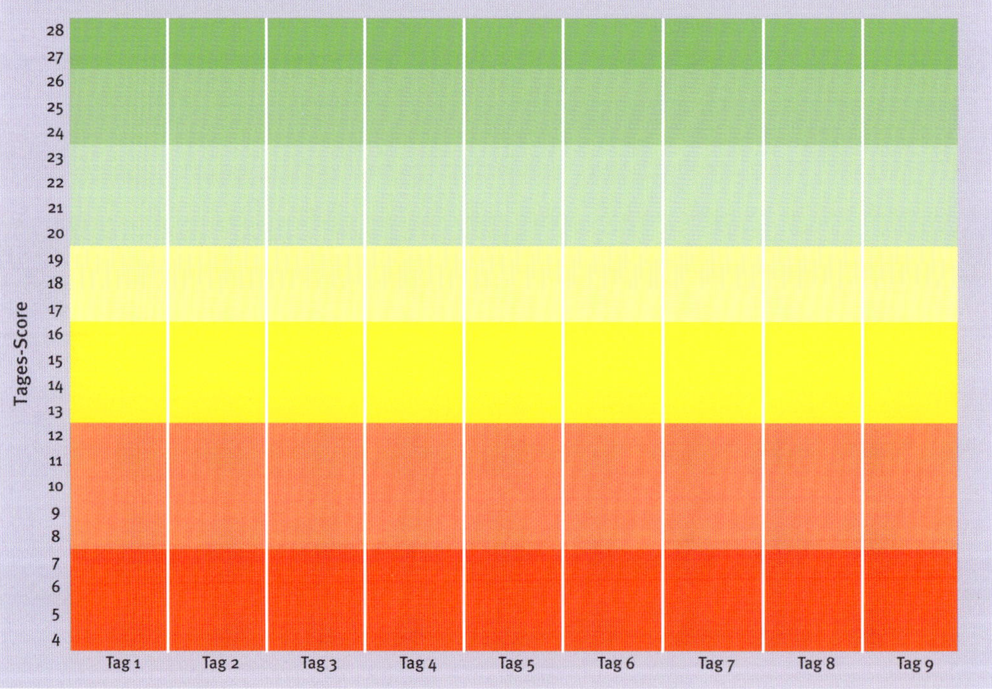

Musterausdruck für das Auswertungsprofil 2

Datum	Summe Tag 1	Summe Tag 2	Summe Tag 3	Summe Tag 4	Summe Tag 5	Summe Tag 6	Summe Tag 7	Summe Tag 8	Summe Tag 9
04.06.09	4	8	7	4	5	4	5	7	9
13.06.09	13	19	19	17	19	18	17	16	20
22.06.09	25	23	23	22	23	24	22	22	25
Datum 4									
Datum 5									
Datum 6									
Datum 7									
Datum 8									
Datum 9									
Datum 10									

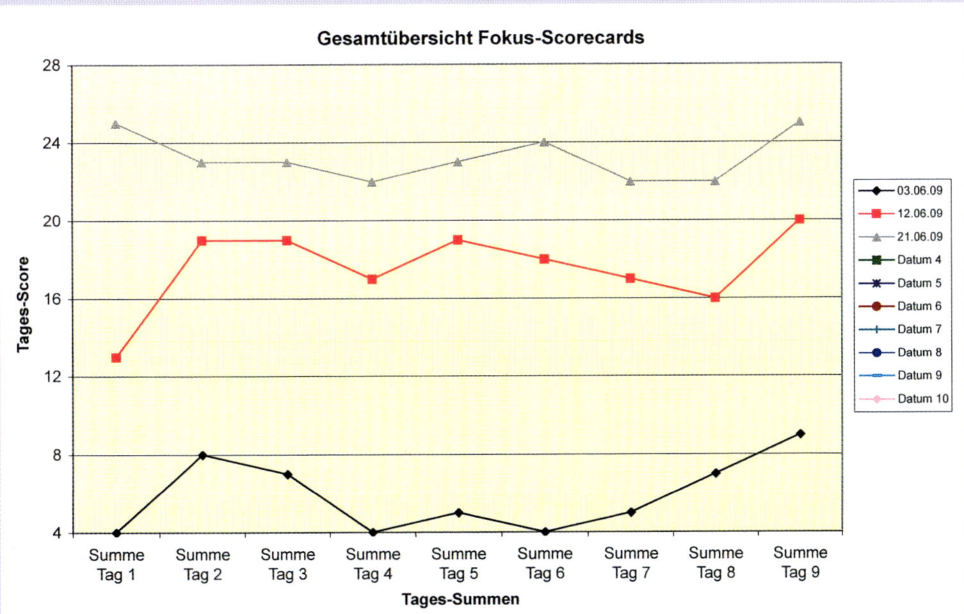

ONE

So fokussieren Sie richtig – Tag 1 bis Tag 9

Egal, welche Aufgabe, welchen Schlag Sie im Golf gerade bewältigen müssen. Etwas ist immer gleich: Sie müssen fokussieren, sich auf die Aufgabe konzentrieren, also die Fähigkeit haben, Ihre volle, ungeteilte Aufmerksamkeit auf diese Tätigkeit zu richten, ohne von irgendetwas oder irgendwem abgelenkt zu werden. Lassen Sie sich auf das folgende 9-Tage-Programm ein und diese »Arbeit« wird sicher bald Früchte tragen: Sie werden ein fokussierter Golfer.

Tag 1 – der überlegene Golf-Fokus

»Ich bin fest davon überzeugt, dass Spieler wie Jack Nicklaus eine Art »Scheuklappen« tragen, wenn sie spielen. Ich denke, dass diese Spieler definitiv dazu in der Lage sind, sich von aller Welt abzuschotten und wie in einer Kapsel zu spielen, in die sie sich begeben haben. Man kann sie einfach nicht ablenken.«
Pete Coe, Head Pro La Jolla Country Club, Kalifornien/USA

Ihre heutigen Ziele

- »Fokus« verstehen
- Wissen, worauf es für einen überlegenen Golf-Fokus ankommt
- Die eigenen Grundlagen ermitteln

Ihre Vorbereitung

Das Optimum eines fokussierten (oder konzentrierten) Zustandes wird als »in der Zone sein« bezeichnet. Was ist damit gemeint? Ganz einfach: der Zustand, total in eine Aufgabe (Analyse, Schwung, Schlag, Putt etc.), die Sie in einem bestimmten Moment ausführen, involviert zu sein, sich gleichsam in einem von allem anderen befreiten, zeitfreien Raum zu befinden, in dem nichts anderes existiert als die erfolgreiche Erledigung dieser Aufgabe. In Beschreibungen dieses Zustandes heißt es oft, sich wie von einer Hülle umgeben zu fühlen, die Zeitwahrnehmung zu verlieren, alles wie von selbst gehend zu erleben (der so oft zitierte »Flow«).
Ich will daraus kein wissenschaftliches oder metaphysisches Konzept machen: Es geht schlichtweg darum, auf welche Bestandteile der vor Ihnen liegenden golferischen Aufgabe Sie sich mit welcher Intensität und für welche Zeitdauer, ob körperlich, gedanklich, gefühlsmäßig oder alles zusammen, einlassen – d. h., sich darauf fokussieren. Oder anders: Es geht darum, wem oder was Sie z. B. bei einem Schlag Ihre bewusste oder unbewusste, ausschließliche oder eingeschränkte Aufmerksamkeit widmen. Es geht beim »Fokus« also um den »Gegenstand« der Aufmerksamkeit, um deren Stärke (das »Eintauchen«) und natürlich, ob dies bewusst oder unbewusst geschieht. Dies gilt für alle Aufgaben im Golf gleichermaßen (Drive, Fairway Shot, Pitch, Chip, Schlag aus dem Rough oder Bunker, Spezialschläge, Putt), kann aber von Aufgabe zu Aufgabe unterschiedlich sein.

Lassen Sie uns daher unter **»überlegenem Fokus im Golf«** (kurz: Golf-Fokus) die Fähigkeit verstehen, die vollständige, ungeteilte Aufmerksamkeit auf die in einem bestimmten (im Golf relativ kurzen, da im Sekundenbereich liegenden) Zeitraum auszuführenden Tätigkeiten zu richten, ohne davon abgelenkt werden zu können.

Ein überlegener Golf-Fokus ergibt sich, wenn Sie so in die Aufgabe und den Moment eintauchen, dass Sie gleichsam zeitlos und eins mit der Ausführung der Aufgabe (beispielsweise des Putts oder Schwunges) sind. Dies mag vielleicht etwas nach Zen klingen, ist jedoch der ideale Zustand, den es zu verstehen, zu üben und praktizierend zu verinnerlichen gilt, wenn Sie Ihr golferisches Potenzial voll zum Einsatz bringen wollen.

Dazu gehören auch die Fähigkeit und Instrumente, bestimmte Dinge auszublenden: interne (z. B. Zweifel oder Druck) oder externe (z. B. Lärm) Störungen oder Ablenkungen sowie für die Ausführung der Aufgabe irrelevante Signale oder Informationen, die Ihren Fokus vom Hauptziel, Ihre Bestleistung zu spielen, abbringen könnten.

Ein überlegener Golf-Fokus beinhaltet

- Ihre Fähigkeit zu identifizieren, was als Fokus für Ihre Spitzenleistung (bezogen auf die erwähnten unterschiedlichen Aufgaben) im Golf relevant ist;
- Ihre Fähigkeit, sich nur auf das zu fokussieren, was für die jeweilige Aufgabe wichtig ist;
- Ihre Fähigkeit, im aktuellen Moment fokussiert – oder eingetaucht – bleiben zu können;
- Ihre Fähigkeit, Störungen und Ablenkungen zu erkennen und zu isolieren;
- Ihre Fähigkeit, sich zu »refokussieren«, wenn Sie abgelenkt werden;
- Ihre Fähigkeit, dies alles auf Sie persönlich zuzuschneiden.

Auch eine Reise von neun Arbeitstagen beginnt mit einem ersten Schritt. Mit dieser Klärung haben Sie bereits damit begonnen, sich in Richtung überlegener Golf-Fokus auf den Weg zu machen. Jetzt gilt es, entsprechend zu trainieren.

Ihr Training

Die folgende Aufgabe hat das Ziel, die Elemente kennenzulernen, die Ihren »Zone-Zustand«, Ihre optimale Fokussierung ausmachen.
Warum ist es wichtig zu wissen, was Ihren persönlichen Zone-Zustand bedingt und beinhaltet? Jeder erlebt die »Zone« individuell unterschiedlich (von einigen Gemeinsamkeiten abgesehen). Es kommt deshalb darauf an zu verstehen, wie Sie sich fühlen und verhalten, wenn Sie bei Ihrem Spiel vollständig fokussiert sind. Das ist Ihr persönlicher Code, der die Tür zu Ihrer Golf-Zone öffnet. Bei entsprechendem Training lässt sich diese Tür dann in ganz wenigen Sekunden öffnen (woran wir in den kommenden Tagen arbeiten werden).
Denken Sie einmal zurück an einen Schlag, eine Situation auf Platz, Driving Range oder Putting Green, wobei Sie sich im Rahmen Ihrer derzeitigen Fähigkeiten optimal fokussiert oder darin eingetaucht erlebt haben. Beantworten Sie danach die Fragen auf Seite 20 über Ihren Zone-Zustand und benennen Sie die fünf wesentlichsten mentalen und emotionalen Qualitäten, die Sie dabei erlebten.

Mein Zone-Zustand

Beschreiben Sie kurz, worum es ging.	
Beschreiben Sie Ihren Zustand der Fokussierung.	
Wie erlebten Sie den Schlag, die Situation?	
An was dachten Sie?	
Was fühlten Sie?	
Was sahen Sie?	
Was hörten Sie?	
Was nahmen Sie im Außen wahr?	
An was dachten und fühlten Sie, bevor es losging?	
An was dachten Sie, nachdem es vorbei war?	
Was geschah vor diesem Schlag, vor dieser Situation?	
Wie waren die Auswirkungen auf Ihr weiteres Spiel?	

Meine fünf wesentlichsten Qualitäten im Zone-Zustand

1.

2.

3.

4.

5.

Mögliche Beschreibungen des Zone-Zustands

Die folgende Zusammenstellung kann Ihnen als Anregung zum Ausfüllen der nebenstehenden Tabellen dienen. Bitte erweitern Sie sie um Punkte, die Ihnen noch zusätzlich einfallen. Denn es kommt darauf an, Ihr »Wahrnehmungsbündel« herauszuarbeiten, und nicht darum, vorgegebene Beschreibungen zu übernehmen.

- Es existiert nur der Moment, keine Vergangenheit oder Zukunft.
- Gelassene Entschlossenheit
- Keine Gedanken an Resultat, Score oder Gefahren
- Die einzelnen Schritte werden ohne Nachdenken (automatisiert) erledigt.
- Zeit verlangsamt sich/vergeht im Flug.
- Intensivierte Wahrnehmung bezüglich der Aufgabe
- Intensivierte Wahrnehmung bezüglich sich selbst (z. B. beim Probeschwung)
- Vollständiges Selbstvertrauen
- Positive Gedanken, Selbstgespräche
- Keine Wahrnehmung möglicher Ablenkungen oder Störungen
- Es ist vollständig klar, was zu tun ist.
- Anstrengungsloses, leichtes Bewegen
- Fähigkeit, Störungen zu erkennen
- Schnelles Refokussieren nach Störungen
- Ruhiger, gelassener Geist
- Kein Grübeln, kein Infragestellen
- Positive Gefühle
- Keine Zweifel an den eigenen Fähigkeiten
- Zuschauer oder Mitspieler werden nicht bewusst gesehen oder gehört.
- Gefühle machen sich an nichts fest.
- Verlust des Selbstgefühls
- Alles geht wie von selbst, fließt.
- Gefühl, in einer Hülle zu stecken
- Es ist vorbei, bevor man merkt, dass es anfängt.

So intensivieren Sie Ihren Golf-Fokus

Hören Sie nun Track 1 auf der CD, am besten an einem im Lauf der nächsten 20 Minuten ungestörten Ort. Während dieser Vorstellungsreise zu Ihrem überlegenen Golf-Fokus werden Sie folgenden intensivierenden Sätzen begegnen:

1. »Ich entscheide mich dafür, während der Runde auf mein Spiel fokussiert zu sein, auch wenn es Störungen oder Ablenkungen geben sollte.«
2. »Ich allein entscheide, auf was ich mich auf dem Platz fokussiere.«
3. »Ich allein entscheide, wie intensiv ich mich bei meinem Spiel fokussiere.«

Wichtig ist, dass Sie diese Sätze nicht nur für sich selbst wiederholen, also zu sich selbst sagen, sondern auch ein positives Gefühl dabei empfinden. Sollte dies nicht möglich sein, lassen Sie den Satz einfach weg. Ebenso wichtig: Wenn Ihnen eine andere Formulierung mehr liegen sollte, bauen Sie bitte die Sätze so um, dass sie für Sie stimmig sind und Ihnen Wohlgefühl vermitteln. **Um mit Ihren eigenen Formulierungen zu arbeiten, verwenden Sie den auf der CD dafür gekennzeichneten separaten Track.**

Die Praxisaufgaben für Ihren Golf-Fokus

- Achten Sie bewusst darauf, wie intensiv Sie sich bei Spiel und Training worauf konzentrieren. Wobei fällt es Ihnen leicht, sich (voll) zu fokussieren? Wo nicht? Nutzen Sie die nebenstehende Tabelle »Ich fokussiere ...«, um dies festzuhalten. Trainieren Sie im Lauf der kommenden Tage bzw. Kapitel insbesondere die Top 3 Ihrer Liste aus jeder Kategorie.
- Wenn Sie beim Training oder auf der Runde optimal fokussiert waren, aktualisieren und ergänzen Sie die Tabelle »Mein Zone-Zustand« auf Seite 20 oben.
- Aktualisieren Sie entsprechend Ihre Top-5-Liste auf Seite 20 unten – es darf auch eine Zusammenstellung von mehr als fünf Punkten daraus werden.
- Üben Sie so oft wie möglich, sich in die genannten Qualitäten zu versetzen (auch außerhalb des Golfgeländes) und sich optimal zu fokussieren.

Eintauchen, ausführen – nichts anderes. Die Zone kann man/frau auch von außen erkennen ...

Die Fokus-Scorecard für Tag 1

Bitte nutzen Sie die Fokus-Scorecard zur Tagesanalyse, nachdem Sie die täglichen Aufgaben erledigt haben, um Ihr Verständnis und die Anwendung des Konzeptes zu überprüfen und bei Bedarf nachzuarbeiten. Wie bei der Zähl-Scorecard gilt auch hier: Nur Ehrlichkeit sich selbst gegenüber bringt Sie weiter. Ihren Fortschritt überprüfen Sie, indem Sie an späteren Tagen oder nach Ende des Programmes diese Tages-Scorecard erneut ausfüllen.
Bitte verbinden Sie die angekreuzten Werte mit einer Linie, um Ihr Tagesprofil zu ermitteln. Berechnen Sie ebenso Ihren Tages-Score (Summe aller angekreuzten Werte geteilt durch 4), der Ihnen einen Anhaltspunkt gibt, wo Sie bezüglich dieses Kapitels insgesamt stehen, und als Impuls für Ihre nächsten Schritte genutzt werden kann. Anschließend übertragen Sie Ihren Tag-1-Score in das Auswertungsprofil auf Seite 14.

Ich fokussiere ...

	... derzeit besonders leicht auf ...	... derzeit besonders schwer auf ...
Training		
Runde		

Die Fokus-Scorecard für Tag 1

	+++	++	+	+/–	–	––	–––	
Ich verstehe, worauf es bei einem überlegenen Golf-Fokus ankommt.	7	6	5	4	3	2	1	Ich verstehe noch nicht, worauf es bei einem überlegenen Golf-Fokus ankommt.
Ich kenne die Elemente, die meinen Zone-Zustand ausmachen.	7	6	5	4	3	2	1	Ich kenne die Elemente, die meinen Zone-Zustand ausmachen, noch nicht.
Ich bin in der Lage, die für mich wichtigsten mental-emotionalen Qualitäten zu identifizieren.	7	6	5	4	3	2	1	Ich bin noch nicht in der Lage, die für mich wichtigsten mental-emotionalen Qualitäten zu identifizieren.
Ich bin in der Lage, auf dem Platz die Intensität meines Fokus zu gestalten.	7	6	5	4	3	2	1	Ich bin noch nicht in der Lage, auf dem Platz die Intensität meines Fokus zu gestalten.
Summen								

Tag-1-Score (Gesamtsumme : 4) =
Übertragen Sie Ihren Tag-1-Score in das Auswertungsprofil 1 auf Seite 14.

Ihre Notizen zu Tag 1

Tag 2 – Störungen der Konzentration identifizieren

»Golf ist im Wesentlichen eine Kopfsache. Es gibt so viele Leute, die den Ball gut treffen, aber kein gutes Ergebnis erzielen, weil sie nicht klar denken können. Man muss sich klarmachen, worum es geht und worum nicht.«
Paul Runyon, PGA-Champion 1934 und 1938

Ihre heutigen Ziele

- Interne und externe Störungen oder Ablenkungen unterscheiden lernen
- Ihre primären Störquellen identifizieren

Ihre Vorbereitung

Zu lernen und zu trainieren, sich fokussieren zu können, ist eine Seite der Medaille. Störungen und Störquellen zu erkennen und ausschalten zu lernen, die andere. Störungen und Ablenkungen können von eklatant bis subtil vielerlei Erscheinungsformen annehmen, wobei das Erkennen der subtilen (z. B. ein letzter abschweifender Gedanke, Blick oder ein Gefühlszucken unmittelbar vor dem Schlag) die fortgeschrittenere Stufe darstellt. Die falsche »Gehirnfüllung« zum falschen Zeitpunkt kann durch Ablenkungen von außen (externe Störungen) oder innen (interne Störungen, also durch uns selbst) verursacht werden. Interne Störungen sind erfreulicherweise – da sie unserer direkten Kontrolle unterliegen – die am häufigsten auftretenden. Innere Vorgänge wie beispielsweise Unentschlossenheit, Zweifel, Gedanken an Vergangenes (z. B. an den letzten Schlag) oder Kommendes (z. B. Loch 11 spielen und gedanklich oder gefühlsmäßig zu Loch 12 oder dem Score vorauseilen) können die Konzentration auf Vorbereitung, Ausführung oder Nachbereitung des Schlages verdrängen. Externe Störungen sind Impulse, die unsere Konzentration von »außen« beeinträchtigen. Beispiele hierfür: Lärm vom anderen Fairway, tuschelnde Zuschauer, ein beim Ansprechen unseres Balles noch am Bag nestelnder Mitspieler, eine Gegnerin, die versucht, Sie psychologisch oder scheinbar »regelkundig« auszuhebeln, statt Sie golferisch zu bezwingen.

Natürlich ist diese Zweiteilung für die folgende Analyse und die Überlegung des Umgangs mit den jeweiligen Quellen dienlich, letztlich jedoch nur vordergründig. Es handelt sich im Grunde stets um interne Störungen oder Ablenkungen: Im einen Fall sitzt der Auslöser im Außen und verursacht eine innere Reaktion bei uns (wenn beispielsweise die etikettewidrig nicht eingehaltene Ruhe beim Ansprechen zusätzlich zur Wahrnehmung des Geräusches auch noch Ärger in uns hochkochen lässt), im anderen Fall sind wir selbst der Auslöser (wie z. B. der Gedanke: »Beim letzten Mal lag ich hier im Wasser!«, oder »Was für ein leichter Schlag!«).

Erfolgreich mit Störungen und Ablenkungen umgehen

Nun, egal ob extern oder intern oder letztlich nur intern: jede Art von Störung wird unseren Fokus nicht überlegen machen, sondern zum Verschwinden bringen und in der Folge zu mangelnder Vorbereitung oder Mishits führen. Der erste Schritt, dem vorzubeugen, ist, sich über die individuell typischen Störungen klar zu werden, um entsprechend »re-agieren« zu können.

Überlegener Golf-Fokus bedeutet nicht, dass nichts mehr unsere Konzentration stören kann, sondern dass wir in der Lage sind, mit den Störungen so umzugehen, um im entscheidenden Moment unseren Fokus 100-prozentig bei unserer Aufgabe zu haben.

Ihr Training

Manche Golfer nehmen externe Störungen kaum wahr, sie sind eher mit Grübeln und sich selbst beschäftigt, bei anderen ist es umgekehrt. Bei den Dritten sind es beide Störquellen gleichermaßen und bei den Vierten wenig von beiden. Wie sieht es bei Ihnen aus? Welches sind die externen und internen Störungen, die Ihren Golf-Fokus vorwiegend ablenken? Füllen Sie die beiden Tabellen unten aus.

Wie oben beschrieben, können interne Ablenkungen durch Impulse von außen verursacht sein, beispielsweise Unsicherheit, die daraus entsteht, dass ein Mitspieler zu Ihnen sagt: »Dein Ball liegt im Bunker, puh, das wird aber ein schwieriger Schlag!« Überlegen Sie, ob Ihre in der rechten Tabelle genannten internen Ablenkungen möglicherweise eine solche Quelle im Außen haben und halten Sie diese in der Tabelle »Impulse von außen für meine internen Ablenkungen« auf Seite 26 fest.

Meine Top 5 der externen Ablenkungen
1.
2.
3.
4.
5.

Meine Top 5 der internen Ablenkungen
1.
2.
3.
4.
5.

Impulse von außen für meine internen Ablenkungen
1.
2.
3.
4.
5.

Mögliche externe Störungen beim Golf

Die folgende Zusammenstellung kann Ihnen als Anregung dienen. Bitte erweitern Sie diese um Punkte, die Ihnen noch zusätzlich einfallen. Es kommt darauf an, die für Sie wesentlichen Störungen und Ablenkungen kennenzulernen, nicht sie einfach aus einer Liste herauszupicken.

- Wetter (Windböen, Regen usw.)
- Platz in mangelhaft gepflegtem Zustand
- Weniger als ideale Bedingungen oder Einrichtungen auf dem Platz
- Leiden an mangelhafter Organisation, Clubmanagement, Spielleitung
- Regeln werden nach persönlichen Beziehungen ausgelegt
- Geräusche, Lärm, lautes Gerede von anderen Fairways
- Plötzlich auf Ihrer Bahn auftauchender Ballsucher von einem anderen Fairway
- Plötzlich auftauchender Spielleitungs- oder Cateringcart, wenn Sie spielen wollen
- Zuschauer, Caddies, mitlaufende Familienmitglieder
- Coach oder Mitspieler, der Sie mit zu vielen Informationen überfüttert oder Ihren Schwung verbessern will
- Gezieltes Fertigmachen oder Einschüchterungsversuche durch Mitspieler
- »Regelpapst« oder Besserwisser als Mitspieler, Gegner
- Negative Mitspieler oder Mannschaftskollegen
- Mitbewerber, Gegner, Mitspieler spricht oder sprechen zu viel
- Mitbewerber, Gegner, Mitspieler ignorieren Sie, behandeln Sie abwertend
- Benehmen der Mitspieler, Gegner
- Etikette oder Regeln werden missachtet
- Falsches Zählen
- Spieltempo
- Langsamer Flight vorne
- Drängelnder Flight hinten
- Störungen, Unzufriedenheit mit Ausrüstung (z. B. Bag rutscht auf dem Trolley hin und her)
- Ablenkungen beim Ansprechen

Mögliche interne Störungen beim Golf

- Als »schlecht« oder »unangenehm« interpretierte Wetterbedingungen
- Gedanklich bei Beruf, Unternehmen, Familie, Privatleben
- Routinen nachlässig ausführen oder weglassen
- Optisch nicht auf Zielbereich fixieren
- Schlag nur »technisch« vorbereiten
- Lagen als positiv oder negativ empfinden

- Sich ängstigen, dass der Schlag misslingen könnte
- Über vergangene oder zukünftige Schläge, Ergebnisse nachdenken
- Unsicherheit, Überheblichkeit bezüglich der eigenen Fähigkeiten für diesen Schlag oder insgesamt
- Sorge um Handicap, Score oder Statistiken (GiR, Putting Average, FW-Hits u. Ä.)
- Versuch, Rekorde aufzustellen (wie beispielsweise den persönlichen Allzeit-Low-Score)
- Schwung kontrollieren
- Fähigkeiten oder Techniken (über-) analysieren
- An gelungenen Schlägen noch Negatives suchen oder finden
- Sich auf das, was (subjektiv) nicht stimmt, konzentrieren
- Freude, Hochgefühl über gelungene Schläge, Spiel
- Sich gedanklich und/oder gefühlsmäßig mit Mitspielern, Mitbewerbern oder Gegnern beschäftigen
- Grübeln, was andere über Sie oder Ihr Spiel denken (könnten)
- Andere beeindrucken wollen
- Gedanklich bereits bei der Siegerehrung sein
- Frust über das eigene Spiel
- Ärger
- Zweifel
- Negative Gedanken wälzen oder Selbstgespräche führen
- Durch Verletzung in der Leistung eingeschränkt sein

So intensivieren Sie Ihren Golf-Fokus

Hören Sie nun Track 2 auf der CD, am besten an einem im Lauf der nächsten 20 Minuten ungestörten Ort. Während dieser Vorstellungsreise zu Ihrem überlegenen Golf-Fokus werden Sie folgenden intensivierenden Sätzen begegnen:

4. »Störungen oder Ablenkungen können zum Golf gehören, Punkt.«
5. »Ich kann erkennen, wenn ich gedanklich oder gefühlsmäßig abgelenkt oder gestört werde.«
6. »Ich allein entscheide, ob ich mich stören oder ablenken lasse.«

Das Einzige, was wir (zunächst) beeinflussen können, ist unsere Reaktion. Rabbit hin oder her.

Wichtig ist, dass Sie diese Sätze nicht nur für sich selbst wiederholen, also zu sich selbst sagen, sondern auch ein positives Gefühl dabei empfinden. Sollte dies nicht möglich sein, lassen Sie den Satz einfach weg. Ebenso wichtig: Wenn Ihnen eine andere Formulierung mehr liegen sollte, bauen Sie bitte die Sätze so um, dass sie für Sie stimmig sind. Verwenden Sie dann auf der CD den separaten Track.

Die Praxisaufgaben für Ihren Golf-Fokus

- Achten Sie bitte ganz bewusst darauf, welche internen und/oder externen Störungen bei Ihrem Spiel und Ihrem Training auftreten. Aktualisieren Sie anschließend entsprechend die beiden Kästen auf Seite 25 sowie die Tabelle auf Seite 26.

Auftreten von Störungen und Ablenkungen

Störung/Ablenkung	intern (I) oder extern (E)	Häufigkeit	Intensitätsgrad 1–5 (1 = kaum, 5 = maximal)

Bei mir am intensivsten und häufigsten auftretende Störungen und Ablenkungen

Störungen/Ablenkungen	interne	externe
Die intensivsten	1.	1.
	2.	2.
Die häufigsten	1.	1.
	2.	2.

- Halten Sie in der Liste »Auftreten von Störungen und Ablenkungen« auf Seite 28 fest, wie häufig diese Störungen und Ablenkungen auftreten.
- Welche dieser Störungen und Ablenkungen sind für Sie die intensivsten, d. h., durch welche werden Sie am stärksten abgelenkt oder gestört? Schreiben Sie hierbei bitte auch die jeweilige Intensität dazu.
- Werten Sie anschließend die Liste »Auftreten von Störungen und Ablenkungen« auf Seite 28 aus.
- Tragen Sie in die darunter stehende Tabelle die beiden internen und externen Störungen und Ablenkungen ein, die bei Ihnen am intensivsten und häufigsten auftreten.
- Füllen Sie nun noch wie gewohnt die Fokus-Scorecard für diesen Tag aus.

Die Fokus-Scorecard für Tag 2

	+++	++	+	+/–	–	––	–––	
Ich verstehe, dass unterschiedliche Störungen meinen Golf-Fokus ablenken können.	7	6	5	4	3	2	1	Ich verstehe noch nicht, was mit Störungen oder Ablenkungen meines Golf-Fokus gemeint ist.
Ich kenne die für mich intensivsten und häufigsten Störungen oder Ablenkungen.	7	6	5	4	3	2	1	Ich kenne die für mich intensivsten und häufigsten Störungen oder Ablenkungen noch nicht.
Ich bin in der Lage, Störungen oder Ablenkungen meines Golf-Fokus wahrzunehmen.	7	6	5	4	3	2	1	Ich bin noch nicht in der Lage, Störungen oder Ablenkungen meines Golf-Fokus wahrzunehmen.
Störungen/Ablenkungen sehe ich gelassener entgegen als bisher.	7	6	5	4	3	2	1	Störungen/Ablenkungen sehe ich noch nicht gelassener entgegen als bisher.
Summen								

Tag-2-Score (Gesamtsumme : 4) =

Übertragen Sie Ihren Tag-2-Score in das Auswertungsprofil 1 auf Seite 14.

Ihre Notizen zu Tag 2

Tag 3 – Bewusstsein entwickeln

»Einer der größten Unterschiede zwischen den guten und den sehr guten Spielern ist, dass die Top-Spieler unter Druck weniger Ablenkungen wahrnehmen als die anderen.« Helen Alfredsson

Ihre heutigen Ziele

- Sich Ihrer typischen Reaktionen auf Hauptstörungen bewusst werden
- Alternative Reaktionen entwickeln

Ihre Vorbereitung

Wir denken in Einbahnstraßen – es hat jeweils nur ein Gedanke zu einem Zeitpunkt Platz im Arbeitsspeicher unseres Gehirns. Auch wenn es uns vorgaukeln mag, wir könnten gleichzeitig geistig an Verschiedenem arbeiten, die Arbeitsweise ist sequenziell, d. h., die gedanklichen Arbeitsschritte werden in Folge, einer nach dem anderen, ausgeführt. Dies mag blitzschnell vonstatten gehen, wenn z. B. beim Zappen in wenigen Sekunden die Information von 30 und mehr TV-Kanälen erfasst, bewertet und darüber entschieden wird oder wenn 160-Zeichen-Botschaften so schnell ge-smst werden, dass es kaum vorstellbar erscheint, in diesem Zeitraum überhaupt ein passendes Wort zu wählen. Andererseits mag sich ein Gedanke so fest verankern, dass wir an nichts anderes mehr denken können, alles scheint blockiert zu sein, wobei die Qualität und die Quantität der mit den Gedanken einhergehenden Gefühle (und umgekehrt) eine Rolle spielen. Erfreulicherweise ist unser Gehirn zum Lernen gemacht – es ist also alles eine Frage des Trainings. Und des Bewusstwerdens.

Beim Golf brauchen wir beide Fähigkeiten: sich an einem Gedanken festhalten zu können und die blitzschnelle Umschaltfähigkeit. »Festhalten« heißt Eintauchen in den Schlag, »umschalten« heißt weg von Störungen, hin zur Aufgabe. Ihre individuellen Haupt-Störquellen haben Sie gestern analysiert, heute steht auf dem Programm, dass Sie sich über Ihre Reaktionen auf diese Störungen klar werden. Aufgrund unserer inneren Programme haben wir für bestimmte Situationen oder Auslöser ein relativ begrenztes Repertoire an Reaktionen. Sie kennen sicherlich, wenn das Verhalten von anderen gleichsam vorhersagbar ist. Das gilt natürlich auch für das eigene. Zu wissen, was jetzt möglicherweise gleich wieder in uns abläuft oder was wir tun bzw. unterlassen werden, ist ein erster vorbereitender Schritt zu einem veränderten Umgang damit. Auf die Störungen bezogen, die uns beim Golf begegnen, heißt das, unsere Gedanken und Gefühle vereinnahmen uns nicht mehr unbewusst. Wir können schon (schmunzelnd) erwarten, dass wir uns gleich wieder ärgern werden, weil jemand die Ruhe bei unserer Ballansprache nicht einhält, dass wir dies als eine Respektlosigkeit uns gegenüber empfinden und denken werden, dass es sich bei dem Störer um einen Etikette-Unwissenden oder Ignoranten handelt, dass wir einmal mehr den mangelhaften Stellenwert des Themas »Verhalten auf dem Platz« im Unterricht bestätigt finden und viele andere Dinge mehr.

Wenden Sie sich dem Eigentlichen zu

Nichts davon wird den Schlag besser gelingen lassen, erforderlich ist stattdessen, sich davon zu lösen und sich wieder dem »Eigentlichen« zuzuwenden. Je vertrauter Ihnen Ihre typischen Reaktionen auf bestimmte Auslöser sind, desto leichter können Sie diese verändern. Ein tiefer Atemzug, das erwähnte (innere) Schmunzeln und ein gelangweiltes »Nun ja, wie erwartet« führen leichter zu einem erfolgreichen Schlag als der in den Schlag hinein gedroschene Groll. Ausführlich werden wir uns mit einem Instrument zum Refokussieren an Tag 7 beschäftigen, heute geht es darum, Ihre typischen Reaktionen auf Ihre häufigsten und intensivsten internen und externen Störungen festzustellen.
Erfolgreiche Sportler, Golfer inbegriffen, haben auch die Fähigkeit zu erkennen, ob die innere Richtung stimmt, was in ihnen abläuft, ob der Kopf zu aktiv ist, die Gefühle kontraproduktiv sind, die Muskelspannung optimal ist oder eben nicht. Daher können sie dann etwas verändern, bevor Fehler entstehen oder das Leistungspotenzial so »selbst gemacht« eingeschränkt wird.

Ihr Training

Ihre typischen Störungen haben Sie bereits herausgearbeitet, jetzt wollen wir wissen, wie Sie gedanklich, gefühlsmäßig und körperlich darauf reagieren. Wenn diese Störungen gar keine Störungen für Sie sind und Sie sich dem Schlag uneingeschränkt wieder zuwenden oder zugewandt bleiben: Glückwunsch! Wenn nicht, wissen Sie nach dem Ausfüllen der Tabelle auf Seite 32, was Sie von sich zu erwarten haben – und können entsprechend vorbeugen oder reagieren. Bitte übertragen Sie die in der Tabelle auf Seite 28 unten genannten Störungen oder Ablenkungen und ergänzen Sie so detailliert wie möglich Ihre jeweiligen Reaktionen darauf. Ein Beispiel bietet Ihnen die anschließende Übersicht auf Seite 32 unten:

Selbst gemachte Störungen sind die intensivsten. Und die am weitesten von der Zone wegführenden.

Meine typischen Reaktionen auf die intensivsten und häufigsten Störungen und Ablenkungen

Störungen/Ablenkungen (aus der Tabelle Seite 28 unten)	**Meine typischen Reaktionen** (gedanklich, gefühlsmäßig, körperlich) …
Die intensivsten externen	… auf die intensivsten externen
1.	1.
2.	2.
Die häufigsten externen	… auf die häufigsten externen
1.	1.
2.	2.
Die intensivsten internen	… auf die intensivsten internen
1.	1.
2.	2.
Die häufigsten internen	… auf die häufigsten internen
1.	1.
2.	2.

Externe Ablenkung: Mitspieler tritt auf Ihre Puttlinie
Reaktionsmöglichkeiten: Verblüffung, Ärger, negatives Urteil über Mitspieler, Sorge über Beschädigung, Unsicherheit, ob Putt noch so spielbar
Interne Ablenkung: Angst vor dem Schlag (könnte im Wasser landen)
Reaktionsmöglichkeiten: Bild wie Ball im Wasser landet, Verkrampfung, Handgelenke blockieren, unvollständiger Durchschwung

Überlegen Sie schon vorab: Wie sähe die ideale Reaktionsmöglichkeit für Sie auf diese Störungs- und Ablenkungsreize aus? Bitte tragen Sie hierzu konkrete Lösungen, also mehr als »einfach ignorieren«, in die Tabelle Seite 33 ein. Anregungen für »konkret« bietet die darauf folgende Übersicht:

Meine idealen Reaktionen auf Störungen und Ablenkungen

Störungen/Ablenkungen	Meine idealen Reaktionen ...
Die intensivsten externen	... auf die intensivsten externen
1.	1.
2.	2.
Die häufigsten externen	... auf die häufigsten externen
1.	1.
2.	2.
Die intensivsten internen	... auf die intensivsten internen
1.	1.
2.	2.
Die häufigsten internen	... auf die häufigsten internen
1.	1.
2.	2.

Externe Ablenkung: Mitspieler tritt auf Ihre Puttlinie
Reaktionsmöglichkeiten: Falls noch möglich, kurzer neutraler Zuruf: »Achtung, bitte neben der Puttlinie gehen!«; kurz überprüfen, ob beschädigt, eventuell neuen Putt konzipieren.
Ansonsten: Atemzug, neu beginnen, neutralisierende Bewertung: »Das kann vorkommen.«

Interne Ablenkung: Angst vor dem Schlag (könnte im Wasser landen)
Reaktionsmöglichkeiten: Sich der Anspannung bewusst werden, tiefer Atemzug, »Traue ich mir diesen Schlag zu?« – »Ja« = machen, »Nein« = Alternative wählen, z. B. vorlegen, Ziel (nicht Gefahr) als Bild verankern, bei Probeschwung auf volles Finish achten, Handgelenke bewusst lockern, Entschlossenheit

So intensivieren Sie Ihren Golf-Fokus

Hören Sie nun Track 3 auf der CD, am besten an einem im Lauf der nächsten 20 Minuten ungestörten Ort. Während dieser Vorstellungsreise zu Ihrem überlegenen Golf-Fokus werden Sie folgenden intensivierenden Sätzen begegnen:

7. »Ich achte bewusst auf meine Reaktionen bei Störungen und Ablenkungen.«
8. »Ich gestatte mir zu wählen, wie ich auf Störungen und Ablenkungen reagiere.«
9. »Ich gestatte mir, bei Störungen und Ablenkungen neue Reaktionsweisen auszuprobieren.«

Wichtig ist, dass Sie diese Sätze nicht nur für sich selbst wiederholen, also zu sich selbst sagen, sondern auch ein positives Gefühl dabei empfinden. Sollte dies nicht möglich sein, lassen Sie den Satz einfach weg. Ebenso wichtig: Wenn Ihnen eine andere Formulierung mehr liegen sollte, bauen Sie bitte die Sätze so um, dass sie für Sie stimmig sind und Ihnen Wohlgefühl vermitteln. Verwenden Sie dann auf der CD den separaten Track.

Meine Reaktionen bei folgenden Störungen und Ablenkungen

Störungen/Ablenkungen	Meine Reaktionen

Meine idealen Reaktionen bei folgenden Störungen und Ablenkungen

Störungen/Ablenkungen	Meine idealen Reaktionen

Die Praxisaufgaben für Ihren Golf-Fokus

- Achten Sie bewusst auf Ihre typischen Reaktionen bei internen und externen Störungen während Spiel und Training. Ergänzen und aktualisieren Sie entsprechend die Tabelle auf Seite 32.
- Erweitern Sie die Zusammenstellung Ihrer typischen Reaktionen auf die in den Kästen auf Seite 25 genannten Störungen und Ablenkungen. Zur Erfassung verwenden Sie die Tabelle auf Seite 34.
- Entwickeln Sie auch für diese alternative, für Sie »ideale« Reaktionsmöglichkeiten, tragen Sie sie in die untere Tabelle ein.
- Trainieren Sie während der nächsten fünf Trainingseinheiten und Runden bewusst, Ihre Gedanken, Gefühle und körperliche Befindlichkeit schnell und ohne Bewertung wahrzunehmen (eine »Momentaufnahme« zu machen).

Die Fokus-Scorecard für Tag 3

	+++	++	+	+/–	–	––	–––	
Ich verstehe, was es mir bringen kann, sich über die eigenen Reaktionsmuster bei Störungen und Ablenkungen bewusst zu werden.	7	6	5	4	3	2	1	Ich verstehe noch nicht, was es mir bringen kann, sich über die eigenen Reaktionsmuster bei Störungen und Ablenkungen bewusst zu werden.
Ich kann meine typischen Reaktionen auf meine Hauptstörungen und -ablenkungen erkennen.	7	6	5	4	3	2	1	Ich kann meine typischen Reaktionen auf meine Hauptstörungen und -ablenkungen noch nicht erkennen.
Ich kann mich mit dem Gedanken, meine Reaktionen auf Störungen und Ablenkungen bewusst zu steuern, anfreunden.	7	6	5	4	3	2	1	Ich kann mich mit dem Gedanken, meine Reaktionen auf Störungen und Ablenkungen bewusst zu steuern, noch nicht anfreunden.
Es fällt mir zunehmend leichter, bei Störungen oder Ablenkungen mir meiner Reaktionen darauf bewusst zu werden.	7	6	5	4	3	2	1	Es fällt mir noch nicht leichter, bei Störungen oder Ablenkungen mir meiner Reaktionen darauf bewusst zu werden.
Summen								

Tag-3-Score (Gesamtsumme : 4) =
Übertragen Sie Ihren Tag-3-Score in das Auswertungsprofil 1 auf Seite 14.

Ihre Notizen zu Tag 3

Tag 4 – schlagbezogene Informationen identifizieren

»Golf ist ein ganz individueller Sport. Sie sind der Richter und der Geschworene und Sie gehen ins Gefängnis. Sie sind es, der alle Entscheidungen treffen muss.«
Lee Trevino

Ihre heutigen Ziele

- Das Konzept »Schlagbezogene Informationen« verstehen lernen
- Die Bedeutung schlagbezogener Informationen einschätzen können
- Schlagbezogene Informationen für unterschiedliche Schläge und Situationen identifizieren können

Ihre Vorbereitung

Zu einem bestimmten Zeitpunkt wird nur ein bewusster Gedanke in unserem Gehirn verarbeitet. »Wir denken in Einbahnstraßen« war unser gestriges Bild dafür. Natürlich ist es möglich, manches »scheinbar« parallel zu tun: fernsehen und essen, Auto fahren und Radio hören, spazieren gehen und den Kinderwagen schieben usw. – gelegentlich so blitzschnell, dass der Eindruck der Gleichzeitigkeit vorgegaukelt wird. Um etwas zu tun, wahrzunehmen oder zu denken, sind jeweils unterschiedliche Neuronengruppen im Gehirn aktiv.

Aber was passiert, wenn plötzlich eine interessante Meldung im TV oder Radio kommt oder der Kinderwagen nicht reibungslos rollt? Eine der Aktionen stoppt.

Das wichtige Wort in diesem Zusammenhang lautet »bewusst«. Haben Sie schon mal versucht, Ihren Schwung bewusst zu steuern (was für eine Frage, ich weiß ...)? Wenn der Ball dann wirklich geflogen ist, dann sicher nicht sonderlich weit, denn die Schnelligkeit des Körpers wurde von der (vergleichsweisen) Langsamkeit des Gedankenflusses gebremst, vom Eingriff in die Ausführung ganz abgesehen. Kontrolle gehört zum Fokus, nicht zum Schwung. Was für einen Golfball spielen Sie normalerweise? Und sagen Sie doch bitte auch gleich mit dazu, welchen Schläger Sie hauptsächlich zum Chippen verwenden? Gleichzeitig die Bilder gesehen und geistig beantwortet? Eher nacheinander? Genau dies ist gemeint.

Wovon die Qualität der Schlagausführung abhängt

Ohne die Fähigkeit, uns zu einem bestimmten Zeitpunkt auf eine bestimmte Sache zu konzentrieren, wobei diese bestimmte Sache auch bewusstes Machen-Lassen sein kann (wie beispielsweise beim Schwung), wären wir nicht in der Lage, etwas auszuführen: Sportler könnten nicht »sporteln«

und Golfer keinen Putt versenken oder Schlag spielen. Und worauf und wie intensiv wir unsere bewusste Gehirnkapazität richten, ist entscheidend für die Qualität der Ausführung. Die mögliche Qualität der Ausführung hängt von der Qualität ihrer momentanen Vorbereitung ab (Grundlagen wie Fitness, Kraft, Ernährung usw. einmal beiseite gelassen), die dadurch bestimmt wird, was wir zur Vorbereitung bewusst heranziehen, welche Informationen wir bewusst auswählen und bewusst verarbeiten.

Ob wir dies tun, hängt zunächst von der Wichtigkeit ab, die wir diesem Filterprozess zuschreiben – und dies hängt wiederum davon ab, ob wir mit unserem Golf weiterkommen, ein Stück weit professioneller werden und unser Potenzial entfalten wollen. Außerdem hängt es noch davon ab, wie es uns gelingt, bewusst wahrzunehmen und uns nicht unbewusst vereinnahmen zu lassen (Achtung auf Gefühle!). Und zu guter Letzt auch noch davon, welche Aufgabe, welche spezifische Situation, welcher spezielle Schlag oder Putt im Moment zur (hoffentlich) freudigen gedanklichen und motorischen Ausführung für uns ansteht.

Ihr Training

Überlegen Sie und listen Sie im Kasten »Meine derzeitigen Schlagaufgaben« auf Seite 38 als Erstes alle Schlagaufgaben auf, die für Sie momentan zu Ihrem Spiel gehören, wie beispielsweise etwa Drive, Fairway-Shots, Pitch, Chip, Bunkerspiel (Fairway und Greenside), Schläge aus »schwierigen« Lagen (Rough, Wasser etc.), Spezialschläge (z. B. Lob, Draw, Fade etc.) oder Putt.

Schlagbezogenen Informationen? Beispielsweise Windrichtung und -stärke. »Dass ausgerechnet heute so ein windiger Tag sein muss« dagegen nicht.

Meine derzeitigen Schlag-aufgaben

Beeindruckend, welch breit gefächerte Palette an Schlägen beim Golf existiert. Oder eher bedrückend? Ordnen Sie nun die im obigen Kasten genannten Fertigkeiten nach der Häufigkeit des Vorkommens in Ihrem Spiel. Wenn Sie z. B. Ihre Bälle in 90 Prozent der Fälle aufs Grün pitchen, rangiert der Pitch weit oben und der Chip weit unten. Wenn Sie meist so nah am Grün liegen, dass ein Chip genügt, steht der Chip weiter oben, vielleicht zusammen mit dem Fairway-Schlag. Diese Rangordnung relativ wirklichkeitsnah vornehmen zu können, setzt voraus, dass Sie mehr oder weniger objektiv (nicht einfach so über den Daumen gepeilt) über Ihr Spiel Bescheid wissen. Das Stichwort lautet »Runden-« oder »Sai-

Meine derzeitigen Schlagaufgaben nach Häufigkeit geordnet	
1.	7.
2.	8.
3.	9.
4.	10.
5.	11.
6.	12.

sonanalyse«, dazu erfahren Sie mehr in meinen Artikeln im *Golfjournal* oder auf www.golfpower.info. Das Arbeitsblatt »Schläger und Schläge«, das Sie auf Seite 86 finden, hilft Ihnen, Ihre Schläge entsprechend zu erfassen.
Als Drittes gilt es nun, für jede der genannten Fertigkeiten, die spezifischen schlagbezogenen Informationen zu identifizieren, die Sie für eine erfolgreiche Ausführung benötigen. Je nachdem, um was für einen Schlag es sich handelt, z. B. Drive oder Putt, können diese natürlich unterschiedlich sein. Nehmen Sie bitte auch eine breite Perspektive ein, denn es gibt viele schlagbezogene Informationen aus unterschiedlichen Quellen, etwa Gedanken, Gefühle, Kommunikation aus unserem Inneren, von Mitspielern, aus der Umgebung, von oben (Wetter). Noch zwei Anmerkungen: Identische schlagbezogene Informationen bei unterschiedlichen Schlägen sind selbstverständlich möglich und zu erwarten – und idealerweise verarbeiten Sie einen Großteil dieser Informationen bereits in Ihren Preshot-Routinen.
Nutzen Sie für diese Aufgabe bitte die unten stehende Tabelle.

Als Anregung für Ihre Überlegungen finden Sie in der Tabelle auf der folgenden Seite zwei Beispiele für schlagbezogene Informationen, die wieder darauf warten, dass Sie sie noch um zusätzliche Punkte erweitern.

Schlagbezogene Informationen

Schlag	Schlagbezogene Informationen

Mögliche schlagbezogene Informationen bei Putt und Fairway-Schlag

Aufgabe	Schlagbezogene Informationen	Aufgabe	Schlagbezogene Informationen
Putten	• Lage des Balles • Stand • Wetterbedingungen • Breaks • Graswuchs • Feuchtigkeit • Tageszeit • Schnelligkeit des Grüns • Beschaffenheit um das Loch herum • Lochrand • Linie • Ausrichtpunkt vor dem Putter • Tempo • Sehen, wie der Ball ins Loch geht • Fühlen, wie der Ball ins Loch geht • Bewusstes Atmen • Probeschwung • Stimmung, Selbstvertrauen • Stand • Ansprechposition • Griff • Trigger	Fairway-Schlag	• Lage des Balles • Stand • Wetterbedingungen • Ziel • Entfernung • Flugbahn • Art des Schlages • Schlägerwahl • Entspannung • Einen guten Schlag sehen • Einen guten Schlag fühlen • Probeschwung machen • Stimmung, positives Selbstgespräch • Standposition einnehmen • Schwunggedanke oder Gefühl • Trigger

So intensivieren Sie Ihren Golf-Fokus

Hören Sie nun Track 4 auf der CD, am besten an einem im Lauf der nächsten 20 Minuten ungestörten Ort. Während dieser Vorstellungsreise zu Ihrem überlegenen Golf-Fokus werden Sie folgenden intensivierenden Sätzen begegnen:

10. »Ich weiß, worauf ich mich bei unterschiedlichen Schlägen und Situationen fokussieren kann.«
11. »Ich fokussiere mich ausschließlich auf schlagbezogene Informationen.«
12. »Die schlagbezogenen Informationen, die ich auswähle, liefern mir die Grundlage für einen gelingenden Schlag.«

Wichtig ist, dass Sie diese Sätze nicht nur für sich selbst wiederholen, also zu sich selbst sagen, sondern auch ein positives Gefühl dabei empfinden. Sollte dies nicht möglich sein, lassen Sie den Satz einfach weg. Ebenso wichtig: Wenn Ihnen eine andere Formulierung mehr liegen sollte, bauen Sie die Sätze so um, dass sie für Sie stimmig sind und Wohlgefühl vermitteln. Verwenden Sie dann auf der CD den separaten Track.

Die Praxisaufgaben für Ihren Golf-Fokus

- Ergänzen oder überarbeiten Sie Ihre Liste aller schlagbezogenen Informationen für die unterschiedlichen Schläge, die Sie spielen, anhand Ihrer Beobachtung während der nächsten drei Trainingseinheiten und Runden.
- Trainieren Sie auf der Range, die entsprechenden Schläge wie auf dem Platz zu spielen, d. h., zu einem bestimmten Ziel, mit allen Routinen und mit dem Schwerpunkt, sich auf die jeweiligen schlagbezogenen Informationen zu fokussieren.
- Finden Sie dabei heraus, welche dieser Informationen Sie unbedingt verarbeiten sollten und welche verzichtbar sind (»weniger ist mehr«). Tragen Sie diese Informationen in das Arbeitsblatt »Die für mich wesentlichen schlagbezogenen Informationen« auf Seite 87 ein.
- Testen Sie auf der Runde, wie dies greift. Verändern Sie wo und wie erforderlich.

Die Fokus-Scorecard für Tag 4

	+++	++	+	+/–	–	––	–––	
Ich verstehe, was schlagbezogene Informationen sind.	7	6	5	4	3	2	1	Ich verstehe noch nicht, was schlagbezogene Informationen sind.
Ich kann die schlagbezogenen Informationen für meine unterschiedlichen Schläge identifizieren.	7	6	5	4	3	2	1	Ich kann die schlagbezogenen Informationen für meine unterschiedlichen Schläge noch nicht identifizieren.
Ich bin in der Lage, mich vollständig auf die jeweils wichtigen schlagbezogenen Informationen zu fokussieren.	7	6	5	4	3	2	1	Ich bin noch nicht in der Lage, mich vollständig auf die jeweils wichtigen schlagbezogenen Informationen zu fokussieren.
Bei Störungen oder Ablenkungen fällt es mir leicht, mich wieder schlagbezogenen Informationen zuzuwenden.	7	6	5	4	3	2	1	Bei Störungen oder Ablenkungen fällt es mir noch nicht leicht, mich wieder schlagbezogenen Informationen zuzuwenden.
Summen								

Tag-4-Score (Gesamtsumme : 4) =
Übertragen Sie Ihren Tag-4-Score in das Auswertungsprofil 1 auf Seite 14.

Ihre Notizen zu Tag 4

Tag 5 – schlagunwichtige Informationen identifizieren

»Zu viel Nachdenken ist nicht mein Ding. Ich habe es gerne klar, gehe vorwärts und spiele den Ball. Ich glaube, wenn man zu viel nachdenkt, denkt man an hundert verschiedene Sachen, nur nicht an den Schlag.«
Sergio Garcia

Ihre heutigen Ziele

- Verstehen, was schlagunwichtige Informationen sind
- Typische schlagunwichtige Informationen kennenlernen
- Ihre typischen schlagunwichtigen Informationen identifizieren

Ihre Vorbereitung

Heute geht es darum, Gedanken, Gefühle und Reize zu identifizieren, die in direktem oder indirektem Zusammenhang mit Ihrem Spiel stehen können, jedoch für den Schlag

Wichtig: z.B. Lage des Balles, Sandbeschaffenheit, Kontur des Grüns, Graswuchs/Greenspeed, Flugbahn und Landepunkt, resultierender Schlag und Schläger. Unwichtig: z.B. Zuschauer, Erwartungen, Score, Bewertung der Bunkerlage oder des zu spielenden Schlages.

unwichtig sind. Die allerdings dann Bedeutung und Einfluss gewinnen, wenn Sie ihnen fälschlicherweise anstelle der schlagbezogenen Informationen (siehe Tag 4) Aufmerksamkeit widmen und dadurch Ihr Spielpotenzial eingeschränkt wird oder Sie aus der Zone fallen.
Es ist deshalb wichtig, erkennen zu können, was für das Spiel und die Ausführung des jeweiligen Schlages unwichtig ist und lediglich eine, wenn manchmal auch subtile, Ablenkung darstellt.

Eine Liste voller Risiken

Die Liste der schlagunwichtigen Informationen ist meist wesentlich länger als die der schlagbezogenen, bietet also mehr Zugriffsmöglichkeiten und enthält mehr emotionale Gefahrenpotenziale wie z. B. Drängler von hinten.
Unbedeutende Informationen, ob intern oder extern, schleichen sich gerne ungeprüft oder unbewusst in den Kopf, ziehen Konzentration ab und vernebeln den Fokus, was selbst bei »einfachen« Schlägen böse Folgen haben kann. So wird der »sichere« 50-Zentimeter-Putt vorbeigeschoben, weil er möglicherweise schon vor der Ausführung geistig abgehakt wurde oder die Gedanken bereits zum nächsten Loch oder Abschlag vorauseilten.
Unter die Überschrift »Schlagunwichtige Informationen« gehört all das, was in keinem direkten Zusammenhang mit dem jeweiligen Schlag oder der jeweiligen Spielaufgabe steht und uns nicht bei der Ausführung unterstützt.

Ihr Training

Veränderung beginnt mit Bewusstwerdung. Denken Sie an Ihre letzten Trainingseinheiten, Runden, Turniere: Welche schlagunwichtigen Gedanken, Gefühle, Bilder, Reize, Töne, Gerüche, Empfindungen, Wahrnehmungen, Gespräche, Erlebnisse, Selbstgespräche, Aktionen, Unterbrechungen, Signale etc. schlichen sich in Ihren Fokus und nahmen die Konzentration in Beschlag und weg vom »Eigentlichen«?
Listen Sie im folgenden Kasten alles auf, was Ihnen dazu einfällt.

Schlagunwichtige Informationen
1.
2.
3.
4.
5.
6.
7.
8.
9.
10.

Wichtige Signale ermitteln

Gestern haben Sie Ihre Schlagaufgaben nach der Frequenz des Auftretens geordnet (siehe Seite 38).
Notieren Sie nun in der unten stehenden Tabelle für die drei Erstplazierten alle die bei Ihnen dabei typischerweise auftretenden schlagunwichtigen Informationen.

Wichtiger Hinweis

Putten übernehmen Sie bitte, unabhängig von Ihrer Rangliste von Seite 38, als Pflichtzeile.

Anmerkung: Gemeinsamkeiten sind selbstverständlich wieder möglich und zu erwarten, denn es geht darum, die für Sie typischen Signale zu ermitteln. Es gibt bei unterschiedlichen Spielern gemeinsame Schnittmengen, je nach Persönlichkeit allerdings auch unterschiedliche Cluster an schlagunwichtigen Informationen.

Als Anregung für Ihre Überlegungen finden Sie in der Übersicht auf Seite 45 zwei Beispiele, die gerne wieder um zusätzliche Punkte von Ihnen erweitert werden können.

Typische schlagunwichtige Informationen, die ich bislang bei den genannten Schlägen erlebt habe

Schlag	Schlagunwichtige Informationen
Putt	

Mögliche schlagunwichtige Informationen bei Putt und Fairway-Schlag

Aufgabe	Schlagunwichtige Informationen	Aufgabe	Schlagunwichtige Informationen
Putten	• Alle Bewertungen (z. B. leichter oder schwieriger Putt) • Alle Empfindungen (»Ich mag dieses Grün«) • Ergebnis des letzten Putts • Ergebnis des letzten Schlages • Beurteilung des heutigen Spieles • Beurteilung des heutigen Puttens • Aktueller Score • Möglicher Score • Was dieser Putt bewirken kann • Schätzung der Wahrscheinlichkeit, den Putt zu machen • Zweifel am Gelingen/Überheblichkeit • Vor dem Putt diesen schon als eingelocht abhaken • Wie Mitbewerber oder Gegner putten • Ob Ihre Putt-Routine perfekt ist oder war • Ihr emotionaler Zustand • Zuschauer, Beobachter • Beurteilung des Wetters oder Kommentar dazu • Reihenfolge, ob Sie als Erster oder Letzter putten • Ob der nächste Flight wartet, das Grün anzuspielen • Wie es nach dem Putt weitergeht • Wie es nach der Runde weitergeht	Fairway-Schlag	• Aktueller Score, möglicher Score • Vergangene und kommende Schläge • Wie die anderen spielen • Mitbewerber, Gegner • Nichteinhalten der Etikette • Was dieser Schlag »muss« • Sehen, wo der Ball nicht landen darf • Ob Sie diesen Schlag/Schläger mögen • Schlagtechnische Analysen oder Korrekturen • Beurteilung der Lage, des Standes • Beurteilung des Zielbereichs • Bewertung, ob Sie heute Ihr A-, B- oder C-Spiel draufhaben • Ob Sie diese Bahn mögen oder nicht • Ob Sie diesen Platz mögen oder nicht • Beurteilung des Platzzustands • Beurteilung des Wetters • Negative Gedanken, Selbstgespräche • Zweifel, Überheblichkeit • Beeindrucken wollen • Zuschauer, Beobachter • Siegerehrung • Wie es nach der Runde weitergeht • Wie es mit Ihrem Leben weitergeht • Wie der Tag vor der Runde verlief • Wie es Ihnen gerade geistig, seelisch, körperlich geht • Ob es Ihnen je gelingt, gutes bzw. noch besseres Golf zu spielen • Sorgen (egal zu welchem Lebensbereich)

Anti-Fokus-Kobolde in Schach halten

Ist Ihnen deutlich geworden, dass es (zu) viele schlagunwichtige Informationen geben kann, die nichts mit einem erfolgreich auszuführenden Schlag zu tun haben, aber nichts anderes beabsichtigen, als Sie davon abzuhalten? Konnten Sie die Tabelle um weitere Punkte ergänzen? Mit großer Wahrscheinlichkeit wandern Ihre Gedanken anders als die anderer Spieler – jeder hat eigene Anti-Fokus-Kobolde im Bag. Einen wesentlichen Schritt, um diese Kobolde in Schach zu halten, haben Sie mit der Bearbeitung der bisherigen Aufgaben gemacht – sofern Sie die für heute noch folgenden ebenfalls in Angriff nehmen.

So intensivieren Sie Ihren Golf-Fokus

Hören Sie nun Track 5 auf der CD, am besten an einem im Lauf der nächsten 20 Minuten ungestörten Ort. Während dieser Vorstellungsreise zu Ihrem überlegenen Golf-Fokus werden Sie folgenden intensivierenden Sätzen begegnen:

13. »Ich kann schlagunwichtige Informationen schnell erkennen.«
14. »Schlagunwichtige Informationen schalte ich ab.«
15. »Ich kann blitzschnell auf schlagbezogene Informationen umschalten.«

Wichtig ist, dass Sie diese Sätze nicht nur für sich selbst wiederholen, also zu sich selbst sagen, sondern auch ein positives Gefühl dabei empfinden. Sollte dies nicht möglich sein, lassen Sie den Satz weg. Ebenso wichtig: Wenn Ihnen eine andere Formulierung mehr liegen sollte, bauen Sie die Sätze so um, dass sie für Sie stimmig sind und Wohlgefühl vermitteln. Verwenden Sie dann auf der CD den separaten Track.

Die Praxisaufgaben für Ihren Golf-Fokus

- Komplettieren Sie die Zusammenstellung der schlagunwichtigen Informationen für die in der Tabelle auf Seite 44 noch nicht erfassten Schläge Ihres gestrigen Arbeitsblatts »Die für mich wesentlichen schlagbezogenen Informationen« (Seite 87). Nutzen Sie dazu die unten stehende Tabelle »Schlagunwichtige Informationen«.

Weitere schlagunwichtige Informationen

Schlag	Schlagunwichtige Informationen

- Beobachten Sie während der nächsten drei Trainingseinheiten und Runden, welche schlagunwichtigen Informationen bei Ihnen auftreten, und ergänzen oder überarbeiten Sie die Tabellen auf Seite 44 und 46 entsprechend.
- Überlegen Sie, von welcher schlagunwichtigen Information Sie sich blitzschnell auf welche schlagbezogene Information refokussieren wollen (Vorbereitung macht 90 Prozent des Erfolges aus).
- Verwenden Sie dazu das Arbeitsblatt »Von schlagunwichtigen zu schlagbezogenen Informationen«, das Sie auf Seite 87 finden.
- Testen Sie dies auf Driving Range und Platz und finden Sie das für Sie passende Vorgehen heraus.

Die Fokus-Scorecard für Tag 5

	+++	++	+	+/–	–	––	–––	
Ich verstehe, was schlagunwichtige Informationen sind.	7	6	5	4	3	2	1	Ich verstehe noch nicht, was schlagunwichtige Informationen sind.
Ich kann die schlagunwichtigen Informationen für die unterschiedlichen Schläge identifizieren.	7	6	5	4	3	2	1	Ich kann die schlagunwichtigen Informationen für die unterschiedlichen Schläge noch nicht identifizieren.
Ich bemerke, wenn ich mich mit schlagunwichtigen Informationen beschäftige.	7	6	5	4	3	2	1	Ich bemerke noch nicht, wenn ich mich mit schlagunwichtigen Informationen beschäftige.
Ich weiß, auf welche schlagbezogenen Informationen ich mich anstelle der schlagunwichtigen fokussieren kann.	7	6	5	4	3	2	1	Ich weiß noch nicht, auf welche schlagbezogenen Informationen ich mich anstelle der schlagunwichtigen fokussieren kann.
Summen								

Tag-5-Score (Gesamtsumme : 4) =

Übertragen Sie Ihren Tag-5-Score in das Auswertungsprofil 1 auf Seite 14.

Ihre Notizen zu Tag 5

Tag 6 – in den Prozess eintauchen

»Ich war mit der Fähigkeit gesegnet, mich ungeachtet größter Ablenkungen intensiv auf das zu fokussieren, was ich gerade tat, meist unter Ausschluss dessen, was mich sonst noch hätte beschäftigen können.«
Jack Nicklaus

Ihre heutigen Ziele

- Fokusbereiche unterscheiden lernen
- Fokussieren trainieren
- Fokusbereiche rasch wechseln können

Ihre Vorbereitung

Sie haben bis jetzt daran gearbeitet, die Informationen zu identifizieren, die für Sie relevant sind, um Ihre Golfaufgaben erfolgreich auszuführen. Zur Klärung, Abgrenzung und um eine Reduktion auf das Wesentliche zu erreichen, haben Sie sich mit den nicht-relevanten Informationen ebenfalls intensiv auseinandergesetzt. Natürlich garantiert dies noch nicht einen gelungenen Schlag, bildet jedoch eine der Grundlagen dafür. Jedem Schlag geht idealerweise eine klare, auf einer fokussierten Analyse basierende Festlegung voraus. Aber das Zusammentreffen von Informationsüberladung und einer Mischung aus wesentlichen und unwesentlichen Signalen macht es nicht nur schwieriger, Entscheidungen zu treffen, sondern baut überdies Anspannung im Körper auf, die die körperliche Bewegungsfähigkeit und Schnelligkeit mindert. Es entsteht also das Gegenteil von dem, was für eine hohe Schwunggeschwindigkeit, eine individuell optimale Schulterrotation, die gewisse Lockerheit der Handgelenke sowie für Rhythmus und Balance benötigt wird.

Erwarten Sie als Fokussierungsübung keine Traumreise, keine Meditation oder dass Sie sich an einen fiktiven Lieblingsort versetzen sollen: Golf wird im Wachzustand, in lebendiger Umgebung und mit definierten Anforderungen gespielt. Sich mit geschlossenen Augen geistig irgendwohin zurückzuziehen und dort so viel wie möglich detailliert (also selbst erschaffend) wahrzunehmen, ist eine kontraproduktive Übung. Sie sollen nicht lernen, sich bei Störungen, oder wenn es nicht so läuft, realitätsfern an einen »Wohlfühlort« zu beamen (von dem auch hoffentlich eine vollständige Rückkehr erfolgt), also gleichsam eine Bewusstseinsspaltung vorzunehmen. Es erscheint mir sinnvoller, die Fähigkeit zu trainieren, sich schnell im Hier und Jetzt fokussieren zu können, z. B. sich mit Genuss landschaftlichen Reizen zuzuwenden, statt den Golfplatz geistig zu verlassen. Eine Anmerkung am Rande: Unsere Einstellungen und Erwartungen bezüglich unseres Spieles sind grundlegende Faktoren für den Umgang mit Spiel, Spielverlauf und vor allem mit uns selbst – sie beeinflussen daher auch den Fokus.

Wir brauchen die Fähigkeit, uns gleichsam in einen »tranceartigen« Zustand gezielten und geschärften Bewusstseins und Fließenlassens versetzen zu können. (Schauen Sie sich zu diesem Thema einmal Aufnahmen von Bewegung und Gesicht Tiger Woods' vor und bei der Schlagausführung an.) An den Grundlagen dazu arbeiten wir heute.

Die Fokusbereiche im Golf

Bevor Sie mit dem Training beginnen, lassen Sie uns das heutige Thema etwas mehr strukturieren, damit Sie Ihre Energie dann zielgerichteter einsetzen können. Die Rede ist von Fokusbereichen im Golf. Worum geht es dabei? Beispiel Schlagvorbereitung: Die Konzentration richtet sich u. a. darauf, sich einen Überblick über die Bahn zu verschaffen (wie etwa Kontur, Hindernisse, Verlauf), dann die Zielzone oder das Grün detaillierter zu betrachten, zu analysieren und zu entscheiden, wie, wohin und mit welchem Schläger Sie spielen wollen. Schließlich konzentrieren Sie sich darauf, den Probeschwung wahrzunehmen (mit Schwerpunkt auf Fühlen, Hören, Visualisieren oder in Kombination) und die innere Befindlichkeit herzustellen, den Schlag erfolgreich ausführen zu können.

Golferische Konzentrationsfähigkeit in höchster Vollendung. Ähnlichkeiten zum Bild auf Seite 7? »Tiger« gehören zur Familie der Katzen ...

Versucht man hier zu strukturieren, zeigen sich wieder externe (auf das Außen gerichtete) und interne (auf unser Inneres gerichtete) Fokussierungssorte, die sich zum einen auf das Gesamtbild, zum anderen auf Details richten (siehe Tabelle »Fokusbereiche« auf Seite 52).

Diese allgemeine Einteilung stammt übrigens aus den 1980er-Jahren vom nordamerikanischen Sportpsychologen Robert Nideffer und wurde bis heute durch nichts Besseres ersetzt. Warum erwähne ich das? Nideffers Arbeit wird gerne verwendet, aber selten als Quelle zitiert. Uns soll diese Einteilung helfen, Klarheit und Überblick im Kopf zu schaffen und damit dann effektiver fokussieren zu können. Klarheit setzt Energie frei und fördert die Entschlossenheit.

Ihr Training

Um in Situation und Schlag einzutauchen, sich optimal zu fokussieren, seine Zone zu erreichen, braucht es die richtige Auswahl an Informationen (daran haben Sie gearbeitet) und die Fähigkeit, sich diesen voll zuzuwenden (daran arbeiten Sie jetzt).

Wichtig: Widmen Sie sich den folgenden Übungen ebenso entspannt wie konsequent. Nehmen Sie ablenkende Gedanken (die genannten Anti-Fokus-Kobolde) oder Störungen von außen wahr. Lassen Sie diese gleichsam links liegen, »heften« Sie keine weiteren Gedanken oder Gefühle daran. Und bleiben Sie mit Ihrer Aufmerksamkeit auf Ihre Ziele gerichtet, also auf das, was die jeweilige Übung vorgibt. Obwohl wir ja von unserer Einstellung her, Ablenkungen und Störungen gleichgültig gegenübertreten wollen, ist für die heutigen ersten Übungen ein ungestörter Platz nicht abträglich.

5-Minuten-Fokussierungsübung, Teil 1

Dauer: 1 Minute
Ort: Stellen Sie sich an ein Fenster.
Aufgabe: Verschaffen Sie sich ein präzises Gesamtbild über das, was Sie draußen vorfinden (Landschaftskontur, Felder, Bäume, Masten, Häuser, Straßen, Autos, Menschen, Tiere – je nach Aussicht).
Ziel: Auf das Gesamtbild fokussieren können, ohne sich optisch festzubeißen
Augen: Auf Weitwinkel stellen, möglichst viel bewegen
Beachten: Bleiben Sie nicht an einzelnen Elementen optisch hängen, sondern verschaffen Sie sich einen Überblick.

5-Minuten-Fokussierungsübung, Teil 2

Dauer: 1 Minute
Ort: Sie bleiben am Fenster.
Aufgabe: Verschaffen Sie sich ein präzises Bild eines einzelnen Elementes aus Ihrem Blickfeld (Feld, Baum, Haus ...).
Ziel: Auf ein Element fokussieren können ohne abzuschweifen
Augen: Auf Tele stellen, wenig bewegen
Beachten: Verlieren Sie sich nicht im Gesamtbild, sondern »zergliedern« Sie präzise ein einzelnes Element optisch.

Fokus-Flow in Reinform: Informationen gleichsam einatmen, eindringen, auswerten und »auf Autopilot« entsprechend handeln lassen (dieses letzte Wort ist das entscheidende ...).

5-Minuten-Fokussierungsübung, Teil 3

Dauer: 1 Minute

Ort: Sie bleiben am Fenster.

Aufgabe: Wählen Sie einen Ausgangspunkt A und einen (weit) entfernten Zielpunkt B. Analysieren und entscheiden Sie, auf welchem Weg Sie von A nach B gelangen.

Ziel: Informationen des Überblicks auswerten und Entscheidungen treffen

Augen: Auf Weitwinkel, eventuell auf Tele stellen; zum Teil auch auf »Innensicht«, nach unten gerichtet

Beachten: Achten Sie auf Anti-Fokus-Kobolde. Treffen Sie schnelle, klare Entscheidungen. Was sagt Ihr Gefühl zu dieser Entscheidung?

5-Minuten-Fokussierungsübung, Teil 4

Dauer: 1 Minute

Ort: Sie bleiben am Fenster.

Aufgabe: Überprüfen Sie Ihren Muskelanspannungs- bzw. -entspannungszustand, Ihre Gedanken und Gefühle und Ihre eventuell geführten Selbstgespräche

Ziel: Bild über die innere Befindlichkeit gewinnen

Augen: Kaum Bewegung, möglicherweise geschlossen, ins Weite blickend oder nach unten gerichtet

Beachten: Sie sollen bei dieser »Innenschau« nur wahrnehmen, was in Ihnen passiert. Achten Sie besonders gut darauf, dass Sie nicht bewerten.

Fokusbereiche

Fokusbereiche	Allgemein (Beispiele)	Ihre Nennungen	Spezifisch (Beispiele)	Ihre Nennungen
Extern (nach außen gerichtet)	• Gesamtbild Spielbahn, z. B. Verlauf, Gefälle, Hindernisse, Grenzen ... • Lage des Balles aus 30 bis 20 Meter Entfernung (Schräglagen etc.) • Gesamtbild Grün, z. B. Gefälle, Breaks, Fahnenposition, schützende Bunker		• Landezone • Lage des Balles (obenauf, kahle Stelle, Divot ...) • 60-Zentimeter-Bereich ums Loch • Puttlinie detailliert betrachten	
Intern (nach innen gerichtet)	• Analyse und Entscheidung für spezifischen Schlag		• Ihr Entspannungsgrad • Selbstgespräche • Atmung • Probeschwung fühlen	

5-Minuten-Fokussierungsübung, Teil 5

Dauer: 1 Minute, sukzessive auf 15 Sekunden verkürzen

Ort: Sie bleiben am Fenster.

Aufgabe: Durchlaufen Sie schnell die Teile 1 bis 4 am Stück.

Ziel: Information schnell gewinnen und verarbeiten, entscheiden, Fokussierungsfähigkeit vertiefen

Augen: Je nach Aufgabe

Beachten: Kombinieren Sie Schnelligkeit mit Gelassenheit, tauchen Sie voll ein, atmen Sie ruhig und blenden Sie Anti-Fokus-Kobolde aus.

Golfspezifische Aufgaben

Je bewusster und strukturierter wir vorgehen, desto leichter kann es fallen, uns intensiv, uneingeschränkt und vor allem schnell zu fokussieren. Die Übungen am Fenster waren allgemeines Training. Jetzt ist es an der Zeit, wieder golfspezifisch zu werden. Ihre erste Aufgabe: Tragen Sie in die oben stehende Tabelle »Fokusbereiche« die Objekte Ihres Fokus ein, die gemäß Ihres Spieles und Ihrer Schlagvorbereitung in die jeweiligen Bereiche fallen. Verwenden Sie dazu auch die Ergebnisse aus dem Arbeitsblatt »Die für mich wesentlichen schlagbezogenen Informationen« auf Seite 87.

Nachdem Sie nun identifiziert haben, welche Informationen in welche Rubrik fallen, und Sie wissen, wie Sie sich darauf fokussieren, und Sie zudem einen gewissen Fertigkeitsgrad im schnellen Umschalten erworben haben, kann die folgende Übung nur lauten:

Trainieren Sie jetzt Teil 6, indem Sie sich in Gedanken auf den Golfplatz begeben und Ihre Nennungen aus der obigen Tabelle zu Objekten Ihres Fokus machen.

5-Minuten-Fokussierungsübung, Teil 6

Dauer: 1 Minute, sukzessive auf 15 Sekunden verkürzen
Ort: Setzen Sie sich in einen Sessel o. Ä.
Besonderheit: Versetzen Sie sich gedanklich und gefühlsmäßig auf den Platz und verwenden Sie die Nennungen aus der Tabelle »Fokusbereiche«.
Aufgabe: Durchlaufen Sie schnell die Teile 1 bis 4 am Stück.
Ziel: Information schnell gewinnen und verarbeiten, entscheiden, Fokussierungsfähigkeit vertiefen
Augen: Für die Übung zu Hause: geschlossen; ansonsten: je nach Aufgabe
Beachten: Kombinieren Sie Schnelligkeit mit Gelassenheit, tauchen Sie voll ein, atmen Sie ruhig und blenden Sie Anti-Fokus-Kobolde aus.

So intensivieren Sie Ihren Golf-Fokus

Hören Sie nun Track 6 auf der CD, am besten an einem im Lauf der nächsten 20 Minuten ungestörten Ort. Während dieser Vorstellungsreise zu Ihrem überlegenen Golf-Fokus werden Sie folgenden intensivierenden Sätzen begegnen:

16. »Ich gestatte mir, in meinen Fähigkeiten zu fokussieren, immer besser zu werden.«
17. »Ich kann meinen Fokus schnell und wie von selbst umschalten.«
18. »Anti-Fokus-Kobolde sind bei mir chancenlos.«

Wichtig ist, dass Sie diese Sätze nicht nur für sich selbst wiederholen, also zu sich selbst sagen, sondern auch ein positives Gefühl dabei empfinden. Sollte dies nicht möglich sein, lassen Sie den Satz weg. Wenn Ihnen eine andere Formulierung mehr liegen sollte, bauen Sie die Sätze so um, dass sie für Sie stimmig sind und Wohlgefühl vermitteln. Verwenden Sie dann auf der CD den separaten Track.

Die Praxisaufgaben für Ihren Golf-Fokus

- Investieren Sie dreimal 15 Minuten und machen Sie mindestens dreimal am Tag die 5-Minuten-Fokussierungsübung.
- Achten Sie darauf, bei welchem Teil welche Schwierigkeiten zu fokussieren auftauchen, und üben Sie entsprechend.
- Kürzen Sie sukzessive die Dauer der einzelnen Teile auf jeweils fünf Sekunden und versuchen Sie, genauso viele Informationen zu sammeln.
- Trainieren Sie die Schnellfassung (wie Teile 5 und 6) fünfmal pro Aufenthalt auf Driving Range und Platz.
- Ergänzen/überarbeiten Sie die Tabelle »Fokusbereiche«, Seite 52, entsprechend Ihrer Beobachtungen während der nächsten drei Runden. Sie können dafür auch die Tabelle auf der nächsten Seite verwenden. Das Ziel ist es, Ihren Fokus zu automatisieren, d. h. die Bereiche ohne Nachdenken voll fokussiert in (nahezu) immer gleicher Weise abzuarbeiten.

Beobachtungen zu meinen Fokusbereichen

Fokusbereiche	Allgemein	Spezifisch
Extern		
Intern		

Die Fokus-Scorecard für Tag 6

	+++	++	+	+/–	–	––	–––	
Ich verstehe die unterschiedlichen Fokusbereiche im Golf.	7	6	5	4	3	2	1	Ich verstehe die unterschiedlichen Fokusbereiche im Golf noch nicht.
Ich weiß, was golfspezifisch in die einzelnen Fokusbereiche gehört.	7	6	5	4	3	2	1	Ich weiß noch nicht, was golfspezifisch in die einzelnen Fokusbereiche gehört.
Ich kann schnell zwischen den einzelnen Fokusbereichen hin- und herschalten.	7	6	5	4	3	2	1	Ich kann noch nicht schnell zwischen den einzelnen Fokusbereichen hin- und herschalten.
Anti-Fokus-Kobolde kann ich links liegen lassen.	7	6	5	4	3	2	1	Anti-Fokus-Kobolde kann ich noch nicht links liegen lassen.
Summen								

Tag-6-Score (Gesamtsumme : 4) =
Übertragen Sie Ihren Tag-6-Score in das Auswertungsprofil 1 auf Seite 14.

Ihre Notizen zu Tag 6

Tag 7 – das Refokussieren

»Wenn jemand besser spielt als ich, macht mir das nichts aus. Was mich ärgert ist, wenn ich mich nicht gut vorbereite, wenn ich meine Gedanken nicht auf das richte, was ich tue, und wenn ich mich ablenken und von dem Weg abbringen lasse, der mich zum Ziel führt.«
Jack Nicklaus

Ihre heutigen Ziele

- Den Prozess des Refokussierens verstehen lernen
- Sich ein einfaches und effektives Instrument zum Refokussieren aneignen
- Sich schnell und effektiv refokussieren können

Ihre Vorbereitung

Erfolgreiche Sportler, Golfer inbegriffen, haben die Fähigkeit zu erkennen, ob ihre momentane innere Ausrichtung und Befindlichkeit noch zum angestrebten Ziel führen kann oder nicht, wenn es »in der Hitze der Schlacht« darauf ankommt, was in ihnen abläuft. Sie merken, ob der Fokus stimmt oder die Gedanken wandern, die Gefühle kontraproduktiv oder fördernd sind, die Muskelspannung optimal oder bremsend ist – um dann etwas zu verändern, bevor Fehler entstehen oder das Leistungspotenzial selbst verursacht eingeschränkt wird. Wie aber erlangen wir den Fokus schnell wieder, wenn er verloren gegangen ist? Ein einfacher Weg, sich wieder zu refokussieren, besteht aus drei Abschnitten und man benötigt zur Ausführung (im geübten Zustand) zwei bis fünf Sekunden, um wieder in den Schlag oder die Situation eintauchen zu können. Die Refokussierungsformel für einen überlegenen Golf-Fokus lautet: »drei W«.

Zweites W: Muskulatur anspannen – entspannen, Konzentration auf den Atem, Augen von oben nach unten sinken lassen. Zurück an die Arbeit ...

Die »drei W« sind:

- **W**ahrnehmen: sich über den nicht optimal fokussierten Zustand bewusst werden
- **W**ieder sammeln: diesen Zustand unterbrechen und lösungsorientiert verändern
- **W**ieder beginnen: das unternehmen, was für den nächsten Schlag relevant ist

Beim ersten W geht es um das Bewusstwerden, dass wir gedanklich, gefühlsmäßig oder vom körperlichen Spannungszustand her nicht in den Bereichen sind, wo wir sein sollten. Sobald wir dessen Gewahr werden, folgt das zweite W: Wir unterbrechen den nicht optimalen Zustand und setzen Energie für das Neu-Fokussieren frei. Mit dem dritten W stellen wir dann den optimalen Zustand her.

Erstes W: Mit der Verfeinerung der Wahrnehmungsfähigkeit, die es für das erste W braucht, haben Sie an Tag 3 begonnen und – entsprechend den Praxisaufgaben – sicherlich an den Folgetagen weiter an deren Vertiefung gearbeitet.

Zweites W: Hier setzen wir als Erstes einen kurzen, energischen »Unterbrecher« ein, um uns in die Erfordernisse der aktuellen Situation zurückzuholen und uns für den Wiedereintritt in die Zone vorzubereiten. Eine nicht unübliche Verhaltensweise ist, sich bei »abweichendem Verhalten«, also beim Abschweifen von der eigentlichen Aufgabe des Schlages oder der Situation, mit Nörgeln oder Ärger über sich selbst, negativem Selbstgespräch oder gar Beschimpfung zu bestrafen und so noch weiter in die falsche Richtung zu treiben.
Sie nutzen jetzt hingegen diesen zweiten W-Schritt zur Motivation und Anerkennung dafür, dass Sie sensitiv wahrgenommen und sich eine Veränderungschance ermöglicht haben. Wesentlich für das Gelingen dieser Phase des Sich-wieder-Sammelns ist es, einen lösenden, harmonischen, schnellen Fluss herzustellen. Dies erreichen Sie mit bewusstem Atmen. Die beiden abschließenden Schritte sind rein lösungsorientiert: Frage und Antwort(en), was Sie benötigen, um sich erneut auf die Aufgabe zu fokussieren. Eine Veranschaulichung bietet Ihnen die Tabelle auf Seite 57.

Die ausführliche Darstellung mag den Eindruck erwecken, dass es sich um einen langwierigen Prozess handle. Deshalb nochmals der Hinweis, dass die gesamten drei W in längstens fünf Sekunden absolviert sind, in der Regel in deutlich kürzerer Zeit. Wahrnehmungen und Gedanken bewegen sich im Millisekundenbereich in unserem Gehirn – das Einzige, was vielleicht etwas mehr Zeit in Anspruch nimmt, ist Muskelpartien wieder entspannen zu »müssen«. Dafür sind bei etwas Übung dann rund drei Sekunden zu veranschlagen.

Drittes W: Es steht für die Durchführung des Refokussierens. Es ist entweder ein einzelner Schritt entsprechend der gefundenen Antwort oder – überwiegend und auch sinnvollerweise – der Neustart der Preshot- oder auch Postshot-Routine.

Beispiele für das zweite W

Schritt 1 ⇩	Unterbrechen/ Akzeptieren	• »Stopp!« • »Okay!« • »Unwichtig!«	• »Schluss damit!« • »Kontrolle!« • »Weiter!«	• »Halt!« • »Weg davon!« • »Vergiss es!«
Schritt 2 ⇩	Anerkennen	• »Gut wahrgenommen«	• »Gut erkannt«	• »Gut«
Schritt 3 ⇩	Loslassen	• (Tiefer) bewusster Atemzug • Muskelbereiche anspannen – entspannen		
Schritt 4 ⇩	Fokusziel klären	Was brauche ich hier und jetzt, um ... • ... mich wieder auf diesen Schlag zu fokussieren? oder • ... diesen Schlag erfolgreich auszuführen?		
Schritt 5	Refokussieren durch ...	• Puttlinie neu lesen • Handgelenke lockern • Entspannen	• Probeschwung fühlen • Zielbereich nochmals anschauen	• Selbstvertrauen spüren • Gelassen sein • Neustart-Routine

Ihr Training

Refokussieren lässt sich bei vielen Gelegenheiten üben. Das Training findet zunächst nicht auf dem Platz statt – dort sollten Sie schon geübter im Refokussieren sein, um den Zuschnitt auf Ihr Spiel zu erleichtern und zu beschleunigen.

Als erste Übung nehmen Sie sich bitte eine Tageszeitung oder Sie setzen sich vor den Fernseher. Beides sind gute Gelegenheiten, schnell gedanklich abzuschweifen, in Gefühlswelten versetzt zu werden oder unbewusst bzw. unerwünscht Muskelspannung aufzubauen.
Führen Sie diese Übung wie ein Zirkeltraining durch: insgesamt viermal mit unterschiedlich langen Pausen dazwischen (die genauen Übungs- und Pausenlängen entnehmen Sie der folgenden Übungsbeschreibung).

Die 11-Minuten-30-Sekunden-Refokussierungsübung

Ort: Sie sitzen vor dem Fernseher oder mit der Zeitung im Sessel.
Aufgabe: Sie sind gedanklich beim Inhalt. Bleiben Sie gefühlsmäßig neutral und körperlich entspannt. Wahrnehmung und Korrektur erfolgt mit den drei W.
1. **Übungsdauer:** 2 Minuten
1. **Pause:** 2 Minuten
2. **Übungsdauer:** 2 Minuten
2. **Pause:** 1 Minute
3. **Übungsdauer:** 2 Minuten
3. **Pause:** 30 Sekunden
4. **Übungsdauer:** 2 Minuten
Wiederholung: mindestens dreimal pro Tag

Als Nächstes vertiefen Sie Ihre Fähigkeiten, sich in die vier Fokusbereiche zu versetzen (siehe Tag 6) und mit Hilfe der drei W zu refokussieren. Dazu folgende Übung:

5-Minuten-Refokussierungsübung, Teil 1

Dauer: 1 Minute

Ort: Stellen Sie sich an ein Fenster.

Aufgabe: Verschaffen Sie sich ein präzises Gesamtbild über das, was Sie draußen vorfinden (Landschaftskontur, Felder, Bäume, Masten, Häuser, Straßen, Autos, Menschen, Tiere – je nach Aussicht).

Stirn halten, bewusst atmen, inneres Bild aufs Weitermachen ausrichten – ein weiterer schneller und wirkungsvoller Weg.

Ziel: Auf das Gesamtbild fokussieren, ohne sich optisch festzubeißen, refokussieren können

Augen: Auf Weitwinkel stellen, möglichst viel bewegen

Beachten: Bleiben Sie nicht an einzelnen Elementen optisch hängen, sondern verschaffen Sie sich einen Gesamtüberblick. Bei einem Fokusverlust wenden Sie bitte die drei W an.

5-Minuten-Refokussierungsübung, Teil 2

Dauer: 1 Minute

Ort: Sie bleiben am Fenster.

Aufgabe: Verschaffen Sie sich ein präzises Bild eines einzelnen Elementes aus Ihrem Blickfeld (Feld, Baum, Haus ...).

Ziel: Auf ein Element fokussieren ohne abzuschweifen, refokussieren können

Augen: Auf Tele stellen, wenig bewegen

Beachten: Verlieren Sie sich nicht im Gesamtbild, sondern »zergliedern« Sie optisch ein einzelnes Element präzise. Bei Fokusverlust wenden Sie die drei W an.

5-Minuten-Refokussierungsübung, Teil 3

Dauer: 1 Minute

Ort: Sie bleiben am Fenster.

Aufgabe: Wählen Sie einen Ausgangspunkt A und einen (weit) entfernten Zielpunkt B. Analysieren und entscheiden Sie, auf welchem Weg Sie von A nach B gelangen.

Ziel: Informationen des Überblicks auswerten, refokussieren, fokussierte Entscheidungen treffen können

Augen: Auf Weitwinkel, eventuell auf Tele stellen, zum Teil auch auf »Innensicht«
Beachten: Achten Sie auf Anti-Fokus-Kobolde, bei Fokusverlust wenden Sie die drei W an. Treffen Sie schnelle, klare Entscheidungen. Was sagt Ihr Gefühl zur Entscheidung?

5-Minuten-Refokussierungsübung, Teil 4

Dauer: 1 Minute
Ort: Sie bleiben am Fenster.
Aufgabe: Überprüfen Sie den Muskelan- bzw. -entspannungszustand, Gedanken, Selbstgespräche, Gefühle etc.
Ziel: Bild über innere Befindlichkeit gewinnen, refokussieren können
Augen: Kaum Bewegung, möglicherweise geschlossen, ins Weite blickend oder nach unten gerichtet
Beachten: Sie sollen bei dieser »Innenschau« nur wahrnehmen. Achten Sie darauf, dass Sie nicht bewerten. Bei Fokusverlust wenden Sie die drei W an.

5-Minuten-Refokussierungsübung, Teil 5

Dauer: 1 Minute, sukzessive auf 15 Sekunden verkürzen
Ort: Sie bleiben am Fenster.
Aufgabe: Durchlaufen Sie schnell Teile 1 bis 4 am Stück.
Ziel: Information schnell gewinnen und verarbeiten, entscheiden, Fokussierungs- und Refokussierungsfähigkeit vertiefen
Augen: Je nach Aufgabe
Beachten: Kombinieren Sie Schnelligkeit mit Gelassenheit, tauchen Sie voll ein, atmen Sie ruhig und blenden Sie Anti-Fokus-Kobolde aus. Bei Fokusverlust wenden Sie die drei W an.

Erfahrungen in Worte fassen

Tragen Sie nun aufgrund Ihrer bei den vorhergehenden Übungen gemachten Erfahrungen die für Sie griffigsten und wirksamsten Schlüsselwörter, Formulierungen usw. für das zweite W in die unten stehende Tabelle ein.

Meine wirkungsvollsten Begrifflichkeiten für das zweite W

Unterbrechen/ Akzeptieren ⇨	Anerkennen ⇨	Loslassen ⇨	Fokusziel klären ⇨	Refokussieren durch ...

Ziel unserer letzten »Trainingseinheit« für heute ist, für jede der für Sie wesentlichen Störungen oder Ablenkungen eine auf Sie zugeschnittene Refokussierungsstrategie zu entwickeln (»90 Prozent des Erfolges sind ... – Sie erinnern sich? Richtig: »Vorbereitung«). Tragen Sie bitte in der unten stehenden Tabelle Ihre zehn wesentlichsten Störungen und Ablenkungen ein und entwerfen Sie die dazu passende Refokussierung. Nutzen Sie Ihre Vorarbeiten aus den Tabellen auf Seite 28 oben, 32, 33 und 38 unten. Legen Sie den Schwerpunkt bei der Störungsbeseitigung auf schlagbezogene Informationen. Als Anregung für Ihre Überlegungen können Ihnen die beiden Beispiele in der Tabelle auf der nächsten Seite dienen.

Meine Refokussierungsstrategien bei für mich wesentlichen Störungen und Ablenkungen

Störung/Ablenkung	Erstes W	Zweites W	Drittes W
1.			
2.			
3.			
4.			
5.			
6.			
7.			
8.			
9.			
10.			

Beispiele für Refokussierungsvorbereitung

Störung/Ablenkung	Erstes W	Zweites W	Drittes W
Sie beziehen Ihre Standposition und bemerken, dass ein Mitspieler sich auf der Linie Ihres Rückschwungs wenige Meter hinter dem Ball aufstellt.	»Bin in Gedanken und visuell nach hinten orientiert, weg von Ziel und Schlag.«	• »Stopp!« • »Gut erkannt« • Atemzug • »Und jetzt?« • Störung beseitigen und Neustart	• Bitte an Mitspieler, sich Ihnen gegenüber hinzustellen • Preshot-Routine neu durchlaufen • Schlag
Sie spüren eine Anspannung im Schulterbereich beim Probeschwung.	»Bin da oben nicht locker.«	• »Okay!« • »Prima, rechtzeitig bemerkt/gespürt.« • Atemzug • »Klar, wie's weitergeht.« • Anspannen, entspannen	• Schulter- und Trapezmuskulatur kurz und intensiv(er) anspannen und dann Spannung loslassen • Probeschwung • Nochmals hineinspüren

Überlegungen zu den Beispielen in der obigen Tabelle

Frage: Was wäre bei den beiden Beispielen in der obigen Tabelle ohne Refokussierung erfolgt?

Antwort zu Beispiel 1: Möglicherweise geärgert und geschlagen. Wahrscheinliches Ergebnis?

Anwort zu Beispiel 2: Eventuell eingeschränkte Schulterdrehung, verkürzte Armstreckung, gesteigerter Krafteinsatz, eher von außen nach innen verlaufende Schwungbahn, auf den Ball dreschen, eingeschränktes Finish. Wahrscheinliches Ergebnis?

Überlegungen zu Ihren eigenen Refokussierungsstrategien

Überlegen Sie bitte bei Ihren Antworten zu den Refokussierungsstrategien in der Tabelle auf Seite 60, welches Schlagergebnis sich ohne den von Ihnen entwickelten »Refokussierungseingriff« ergäbe.

Eine kleine Ergänzung

Gerade als Sie mit dem Rückschwung beginnen wollen, fängt einer der Mitspieler an, mit dem zweiten zu flüstern. Am Ende des Buches, vorausgesetzt Sie haben alle Aufgaben intensiv durchgearbeitet, haben Sie möglicherweise eine so intensive Fokussierungsfähigkeit erreicht, dass Sie diese Störung nicht mehr bewusst wahrnehmen.
Bis dies soweit ist, gibt es mindestens zwei Handlungsalternativen: Störung wahrnehmen und entscheiden, den Schwung trotzdem auszuführen, oder Störung wahrnehmen und entscheiden, neu zu beginnen.

Wenn Sie sich souverän und locker genug fühlen, um weiterzumachen, wählen Sie

Variante 1. Ansonsten und im Zweifels- und Standardfall gilt: abbrechen und Neustart, mit der Routine neu beginnen.
Die Kurzform der drei W kann also einfach lauten:

Erstes W	Zweites W	Drittes W
Wahrnehmen	»Weg damit«	»Weiter«

Diese Kurzform der drei W kann situativ genutzt werden, wenn die Störung oder Ablenkung im allerersten Ansatz abgefangen wird und innerlich noch nichts ausgelöst hat. Aus den Resultaten ergibt sich, welcher Weg wann der für Sie erfolgreichere ist.
Wählen Sie möglichst während der ersten drei Monate Ihres Fokustrainings überwiegend die Langfassung, um sich alle Schritte anzueignen und ein solides Fundament zu schaffen.

So intensivieren Sie Ihren Golf-Fokus

Hören Sie nun Track 7 auf der CD, am besten an einem im Lauf der nächsten 20 Minuten ungestörten Ort. Während dieser Vorstellungsreise zu Ihrem überlegenen Golf-Fokus werden Sie folgenden intensivierenden Sätzen begegnen:

19. »Wenn ich abgelenkt bin, wird mir das immer schneller bewusst.«
20. »Ich gestatte mir, mich jederzeit und in jeder Situation refokussieren zu können.«
21. »Ich genieße es, wie gelingend ich mich refokussieren kann.«

Wichtig ist, dass Sie diese Sätze nicht nur für sich selbst wiederholen, also zu sich selbst sagen, sondern auch ein positives Gefühl dabei empfinden. Sollte dies nicht möglich sein, lassen Sie den Satz ganz einfach weg.

Ebenso wichtig: Wenn Ihnen eine andere Formulierung mehr liegen sollte, bauen Sie bitte die Sätze so um, dass sie für Sie stimmig sind und Ihnen Wohlgefühl vermitteln. Verwenden Sie dann auf der CD den separaten Track.

Die Praxisaufgaben für Ihren Golf-Fokus

- Üben Sie dreimal pro Tag Teil 5 der 5-Minuten-**Re**fokussierungsübung (siehe dazu Seite 59).
- Versuchen Sie während der nächsten fünf Trainingseinheiten und Runden, sich mit den drei W zu refokussieren.
- Ergänzen und erweitern Sie entsprechend dazu die beiden Tabellen auf den Seiten 59 und 60.
- Praktizieren Sie wie oben beschrieben die Kurzform der drei W und entwickeln Sie aufgrund Ihrer Erfahrungen das für Sie passende Vorgehen.
- Setzen Sie ruhig einmal, wenn Sie möchten, die drei W auch außerhalb des Golfplatzes ein.

Die Fokus-Scorecard für Tag 7

	+++	++	+	+/–	–	––	–––	
Ich verstehe, worauf es beim Refokussieren ankommt.	7	6	5	4	3	2	1	Ich verstehe noch nicht, worauf es beim Refokussieren ankommt.
Ich verstehe, wie ich mich mit den drei W refokussieren kann.	7	6	5	4	3	2	1	Ich verstehe noch nicht, wie ich mich mit den drei W refokussieren kann.
Ich bin auf die für mich wesentlichen Störungen und Ablenkungen intensiv vorbereitet.	7	6	5	4	3	2	1	Ich bin auf die für mich wesentlichen Störungen und Ablenkungen noch nicht intensiv vorbereitet.
Ich kann mich mit den drei W schnell und effektiv refokussieren.	7	6	5	4	3	2	1	Ich kann mich mit den drei W noch nicht schnell und effektiv refokussieren.
Summen								

Tag-7-Score (Gesamtsumme : 4) =

Übertragen Sie Ihren Tag-7-Score in das Auswertungsprofil 1 auf Seite 14.

Ihre Notizen zu Tag 7

Tag 8 – die Rolle des »fokussierten Golfers« einnehmen

»Golf ist nicht so schwierig. Man muss sich für etwa eineinviertel Stunden pro Runde konzentrieren. Das ist nur etwa eine Minute pro Schlag.«
Lee Trevino

Ihre heutigen Ziele

- Rolle und Bedeutung des »fokussierten Golfers« verstehen
- Als eigene Rolle definieren können
- Rolle einnehmen und wieder abgeben können

Ihre Vorbereitung

Was haben Shakespeare und Elvis gemeinsam? Was verbindet die beiden so konträren Großen ihres Faches? Was ist ihren Werken gemeinsam? Neben allen Unterschieden der Scharfblick, was Teile der Welt im Innersten zusammenhält. Zumindest soziologisch gesehen. Nein, keine Angst, ich halte mich mit soziologischen Theorien oder deren subtilen Wortkonstruktionen zurück. Es geht lediglich um ein wenig »soziales Handeln« – um einen klassischen soziologischen Begriff und Forschungsgegenstand: Rollen. Denn wir alle spielen nahezu überall eine (meist bereits vorab definierte) Rolle. Auf unser Verhalten bezogen, nicht auf unsere subjektive Wichtigkeit. Also sprach Shakespeare: »The world is a stage and all the men and women merely players ...« (Wie es Euch gefällt, 2–7), und Elvis sang in »Are you lonesome tonight«: »The world's a stage and each must play a part.« Eine Rolle beinhaltet das, was es zu sein und zu tun gilt. Soziologisch und umfassend formuliert: »den gesamten Komplex von Handlungsweisen, Einstellungen, Gefühlen, Fähigkeiten, Kenntnissen, Leistungsverpflichtungen und Verfügungsrechten, den der Inhaber einer Position in der relativen Situation zu verwirklichen hat.« (Hahn 1970, S. 229). Oder einfacher: ein Bündel von Erwartungen an unser tatsächliches Verhalten.

So weit, so gut. Was hat das mit einem überlegenen Golf-Fokus zu tun, fragen Sie zu Recht. Nun, auch Golfer (und selbstverständlich auch Golferin) zu sein bedeutet, in eine bestimmte vorab definierte Rolle zu schlüpfen. Präzisiert auf unser Thema: in die Rolle eines fokussierten Golfers oder einer fokussierten Golferin. Wird diese Rolle nicht gemäß den entsprechenden Anforderungen und Erwartungen erfüllt, erfolgen Sanktionen; im Fall des nicht-fokussierten Golfers in Form eines Mishits. Oscar Wilde würde dann wohl sagen: »Die Welt ist eine Bühne, aber das Stück ist schlecht besetzt.« (Lord Arthur Saviles Verbrechen, 1. Akt). Und es mögen Rollenkonflikte entstehen. Etwa, wenn die Rolle des fokussierten Golfers vom Nicht-Golfer, der wir ja überwiegend sind, gestört wird. Wozu das Ganze? Nun, was nützen unsere Überlegungen, Übungen, Trainings der vergangenen Tage, wenn die Grundlage, diese überhaupt erfolgreich praktizieren zu können, ganz oder teilweise fehlt, der Boden, auf dem unsere Fähigkeiten sich entfalten sollen, nicht bereitet ist? Aufgabe ist also, so vollständig wie möglich die Rolle des fokussierten Golfers einzunehmen, egal in welchen Lebensumständen wir uns in unseren übrigen Rollen gerade befinden. Denn die gilt es, für die Zeitspanne von Training und Runde abzulegen. Wie wollte auch jemand den Faust geben, wenn er nicht zuvor vollständig in die Rolle des Schauspielers geschlüpft wäre?

Nicht aus der Rolle fallen

Diesen Rollenwechsel zu bewerkstelligen, ist nicht immer so einfach, wie man das gerne hätte. Es hängt davon ab, was das reale Leben aktuell für uns bereithält und als Aufgabe stellt. Auch Profis haben damit ihre Mühen und verschwinden gelegentlich für kürzere oder längere Zeiträume von der Golfbühne. Colin Montgomery oder Alex Cejka nach ihren Scheidungen sind Beispiele dafür. Insbesondere bei nicht beflügelnden Lebensumständen stellt sich die geringe golferische Spielzeit, wie sie Lee Trevino oben als positiv anmerkt, als

Vom Parkplatz an den 1. Abschlag hetzen, hat nichts mit »fokussiertem Golfer« zu tun. Bewusst in die Golfwelt einzutreten, dagegen schon.

Herausforderung dar, weil die Zeit zwischen den Schlägen unseren anderen Rollen viel Raum zur Vereinnahmung lässt und Golf wie kaum ein anderer Sport Gelegenheit bietet, aus der Rolle zu fallen. Natürlich nur aus der des fokussierten Golfers. Wie Sie dem entgegenwirken können, steht heute im Mittelpunkt.

Ihr Training

Es kommt heute darauf an zu fragen, welche Grundlagen benötigt werden, um den Rollenwechsel zum fokussierten Golfer erfolgreich vollziehen zu können.
Beginnen Sie damit, einen Blick auf Zustände und Ereignisse Ihres wirklichen Lebens zu werfen, die sich auf Ihren Golf-Fokus einschränkend auswirken können. Was hat das Leben an Dauerbrennern, mittel- oder kurzfristigen Gedanken- und Gefühlsfesseln oder Energieschluckern (in die eine wie die andere Richtung) parat, die Sie in Handlungsweisen, Einstellungen, Gefühlen, Fähigkeiten, Kenntnissen, Leistungsverpflichtungen und Verfügungsrechten nicht zum uneingeschränkten Golf-Fokus vordringen lassen?

Welche Themen sind dies derzeit bei Ihnen? Bitte tragen Sie diese in die unten stehende Tabelle ein. Als Anregung für Ihre Überlegungen soll Ihnen die (erweiterbare) Beispielliste dienen.

Mögliche Golf-Fokus-«Beschränker«

- Existenzprobleme
- Gesundheitszustand/Fitness
- Gefühlszustand
- Wohnsituation
- Berufliche Situation

Aktuelle Lebensereignisse und -zustände, die meinen Golf-Fokus einschränken könnten

Mögliche Golf-Fokus-»Beschränker«	Kommentar

- Arbeitsbelastung
- Termindruck
- Familiäre Sorgen
- Partnerschaft
- Freundschaften, Beziehungen
- Verhalten anderer Ihnen gegenüber
- Bestimmte Personen
- Konflikte
- Ärger
- Fehler, die Sie gemacht haben
- Anstehende Gespräche
- Anstehende Telefonate
- Ungelöste Fragen
- Anstehende Entscheidungen
- Private Unzufriedenheit
- Gesättigtsein, Langeweile
- Wirtschaftliche Ereignisse
- Politische Ereignisse
- Gesellschaftliche Veränderungen
- Rückzug von der Welt
- Freude, Euphorie

Eine Frage der Einstellung

Der zweite Schritt besteht darin, sich zu gestatten, für die Zeit im Club, mindestens jedoch für die Zeit auf Range und Platz, Ihre nicht-golferischen Themen und Gefühle positiv beiseitezulegen. Positiv bedeutet, zunächst ihre Existenz anzuerkennen und zu akzeptieren – Unlust oder Verleugnung blockiert und bindet Energie. Dies ist in erster Instanz eine Frage der Einstellung.

Überlegen Sie, welche Einstellung zu diesen Punkten Ihnen dabei hilft, diese für den genannten Zeitraum gleichsam auf Eis legen zu können, und tragen Sie die entsprechenden Leitsätze in die folgende Tabelle ein. Eine Reihe von Beispielen dafür finden Sie in der Tabelle auf Seite 68. Auch hier ist wieder hilfreich, neben Vorgefundenem, Ihre eigenen Inhalte und Formulierungen zu entwickeln.

Für mich hilfreiche Einstellungen, um (vereinnahmende) Themen auf Eis zu legen

Leitsatz	Anmerkungen

Mögliche bekräftigende Einstellungen, um (vereinnahmende) Themen auf Eis legen zu können

Leitsatz	Anmerkungen
»Kann ich mich trotz allem/diesem Zustand/meinem ... dafür entscheiden, jetzt auf den Golfplatz zu gehen?«	Klares Ja erforderlich, »lauwarme« Antworten bedeuten ein Nein.
»Darf/kann ich mir gestatten, mich für etwa ... Stunden/diesen Tag nur auf mein Golf zu konzentrieren?«	Klares Ja erforderlich, »lauwarme« Antworten bedeuten ein Nein, eventuell Zeitraum variieren bzw. erspüren.
»Darf/kann ich mir gestatten, von allem/diesem Zustand/meinem ... für diesen Zeitraum Abstand zu nehmen?«	Klares Ja erforderlich, »lauwarme« Antworten bedeuten ein Nein.
»Darf/kann ich mir gestatten, jetzt auf dem Golfplatz Kopf und Bauch zu lüften, Kraft zu tanken?«	Klares Ja erforderlich, »lauwarme« Antworten bedeuten ein Nein. Was hat sich bei diesem Selbstgespräch bis jetzt gefühlsmäßig in Ihnen verändert?
»Ist es in Ordnung, wenn ich mich anschließend wieder mit ... befasse, falls erforderlich?«	Klares Ja erforderlich, »lauwarme« Antworten bedeuten ein Nein. »Falls erforderlich« = manches relativiert oder erledigt sich mit Abstandnahme und körperlicher Aktivität.

Wie Sie sehen, sind die Leitsätze als Fragen formuliert, um ihren Inhalt zu überprüfen und bei einem Ja zu bekräftigen (ansonsten siehe Spalte »Anmerkungen«). Sie können aber auch als Aussage formuliert werden: »Ich entscheide mich ... auf den Golfplatz zu gehen.« Wählen Sie bitte die Form, die Ihnen mehr geistigen oder gefühlsmäßigen Freiraum gibt.

Nachdem Sie sich so einstellungsmäßig vorbereitet haben, besteht der nächste Schritt darin, die vereinnahmenden Themen faktisch zu »parken«.
Ein einfache Methode hierfür ist, alles Anstehende auf ein Blatt zu schreiben, dieses Blatt auf dem Schreibtisch, im Auto oder Garderobenschrank – real und symbolisch – zu deponieren und sich zu gestatten, die niedergeschriebenen Inhalte bis zur Rückkehr dort zu lassen.

Die »verkopfte« Variante dieses Vorgehens ist, die Themen gedanklich in den Kofferraum, Garderobenschrank oder einfach in eine fiktive Themenkiste mit einem ansprechenden Äußeren zu packen, Deckel oder Tür zu schließen und beim späteren Öffnen wieder herauszunehmen. »Falls erforderlich« – siehe Anmerkung zum letzten Beispiel in der obigen Tabelle.

Wichtig: Kehren Sie bitte anschließend den Rollentausch wieder um und lassen Sie Ihr Spiel und Golfplatzereignisse, auch den fokussierten Golfer, zurück. Gewonnene Kraft, Erholung und Abstand nehmen Sie mit. Ebenso halten Sie sich an das von

Ihnen mit sich abgesprochene Vorgehen, sich der anderen Themen wieder anzunehmen. Bleiben Sie sich selbst gegenüber glaubwürdig und loyal.

Bisher haben Sie sich gefragt, was Sie nicht wollen, haben Möglichkeiten betrachtet, damit umzugehen, und Instrumente kennengelernt, um sich frei zu machen. Jetzt bleibt ein wesentlicher Punkt noch zu klären: Wie wollen Sie denn sein, wie sieht Ihre individuelle Rolle des fokussierten Golfers oder der fokussierten Golferin überhaupt aus? »Wer sein Ziel kennt, wie soll der aufzuhalten sein?«, Bertolt Brecht möge verzeihen, ihn in diesem Kontext verfremdend zu zitieren. Oder anders: Es genügt nicht zu wissen, was nicht sein soll. Um anders zu handeln, sind Modellvorstellungen notwendig. Wie also sieht Ihr »Rollenmodell« aus? Was konstituiert Sie als fokussierten Golfer oder fokussierte Golferin? Bitte sammeln Sie möglichst viele Punkte und halten Sie diese in der folgenden Tabelle fest. Beispiele dazu sind für Sie auf der nächsten Seite aufgelistet.

Ein fokussierter Golfer zu sein beinhaltet für mich ...

Eigenschaften, Verhalten ...	Anmerkungen

Beispiele für Eigenschaften oder Verhalten eines fokussierten Golfers

- Kann zwischen Leben und Golfleben unterscheiden
- Kann sich gestatten, sich von Problemen zu lösen
- Kann sich gestatten zu akzeptieren, was derzeit nicht veränderbar ist
- Kann sich gestatten, Kraft und Energie aus dem Spiel zu tanken
- Kann sich gestatten, trotz allem, Training oder Runde zu genießen
- Kann positiv wie negativ Vereinnahmendes auf Eis legen
- Kann relativieren
- Kann sich Klarheit über Wichtigkeit, Dringlichkeit und Intensität von Problemen verschaffen
- Kann warten, Geduld aufbringen
- Kann liebevoll mit sich umgehen
- Kann sich gestatten, nicht zu leiden
- Kann sich gestatten zu genießen
- Kann bewusst Atemtechniken nutzen
- Kann Methoden, Probleme zeitweise beiseite zu legen, anwenden
- Kann refokussieren
- Weiß, worauf sich der Golf-Fokus richten soll
- Kann sich selbst beobachten
- Nörgelt nicht, sondern handelt
- Denkt lösungs-, nicht problemorientiert
- Kann Positives anerkennen und zulassen
- Kann Golf genießen, unabhängig vom aktuellen Spiel
- Ist sich des Privileges bewusst, (trotz allem) hier und jetzt auf dem Platz sein zu können
- Kann sehen, was in seinem Leben und Golf-Leben stimmt
- Kann Golfschläge als Aufgabe betrachten
- Versenkt sich mit Spaß in die Aufgaben
- Hat klar definiert, worauf es ihm bei diesem Training, dieser Runde ankommt
- Hat überlegt, wie er dies bewerkstelligt
- Setzt konsequent um
- Hat sich bewusst mit der Rolle des fokussierten Golfers auseinandergesetzt
- Hat diese Rolle für sich passend definiert
- Hat trainiert, schnell diese Rolle einnehmen zu können
- Hat trainiert, rasch wieder in die Alltagsrolle(n) schlüpfen zu können
- Kann sich gestatten, Themen beiseitezulegen und wiederaufzunehmen

Die Rolle des fokussierten Golfers einnehmen

Gewöhnen Sie sich an den Rollenwechsel zum fokussierten Golfer mit einer einfachen (und letzten) Übung.

Dauer: Zwischen 1 und 3 Minuten

Ort: Ruhige Umgebung

Wiederholungen: 3

Augen: Geschlossen

Aufgabe:

1. Nehmen Sie die Rolle des fokussierten Golfers ein.
2. Verweilen Sie kurz darin.
3. Kommen Sie in Ihre Alltagsrolle zurück.

Ziel: Rollenwechsel, Themen beiseitelegen und wieder aufnehmen können

Vorgehen:

1. Machen Sie sich Ihre Rolle als fokussierter Golfer bewusst (Tabelle Seite 69).

2. Wählen Sie ein Thema Ihrer aktuellen Lebensereignisse (aus Tabelle auf Seite 66).
3. Verändern Sie Ihre Einstellung entsprechend Ihrer Liste (Seite 67).
4. Legen Sie das gewählte Thema beiseite (Methoden abwechseln).
5. Spielen Sie in Gedanken erfolgreich ein Loch, fokussieren Sie dabei auf schlagbezogene Informationen.
6. Nehmen Sie anschließend das beiseitegelegte Thema wieder auf.
7. Schlüpfen Sie wieder in Ihre vorhergehende Rolle.

Beachten: Refokussieren Sie bei Bedarf mit den drei W. Lassen Sie die Übung fließen, mit weichen Übergängen, verinnerlichen Sie sie.

So intensivieren Sie Ihren Golf-Fokus

Hören Sie nun Track 8 auf der CD, am besten an einem im Lauf der nächsten 20 Minuten ungestörten Ort. Während dieser Vorstellungsreise zu Ihrem überlegenen Golf-Fokus werden Sie folgenden intensivierenden Sätzen begegnen:

22. »Ich gestatte mir, beim Golf die Themen meines Alltages beiseitezulegen.«
23. »Ich nehme bewusst die Rolle des fokussierten Golfers/der fokussierten Golferin ein.«
24. »Egal, wie mein Leben derzeit aussieht, wenn ich mich entschieden habe, Golf zu spielen, steht Golf im Mittelpunkt.«

Wichtig ist, dass Sie diese Sätze nicht nur zu sich selbst sagen, sondern auch ein positives Gefühl dabei empfinden. Ist dies nicht möglich, lassen Sie den Satz weg. Wenn Ihnen eine andere Formulierung mehr liegt, bauen Sie die Sätze so um, dass sie für Sie stimmig sind. Verwenden Sie dann auf der CD den separaten Track.

Die Praxisaufgaben für Ihren Golf-Fokus

- Trainieren Sie während der nächsten fünf Tage mindestens dreimal pro Tag, bewusst die Rolle des fokussierten Golfers einzunehmen und wieder zu verlassen (siehe Übung Seite 70 f.).
- Beginnen Sie die Rolle des fokussierten Golfers konsequent mit der Einstellungsänderung entsprechend der Tabelle auf Seite 67.
- Finden Sie durch Ausprobieren heraus, an welchem Ort und zu welcher Zeit Sie am effektivsten Ihre Alltagsthemen beiseitelegen können.
- Finden Sie durch Ausprobieren heraus, welches die für Sie effektivste Methode ist, Ihre Alltagsthemen beiseitezulegen.
- Erweitern und ergänzen Sie die Tabellen auf Seite 67 und 69 aufgrund der gemachten Erfahrungen.
- Halten Sie Tabelle Ihrer Lebenssituation (Seite 66) stets auf aktuellem Stand.
- Trainieren Sie konsequent, wieder aus der Rolle des fokussierten Golfers zu schlüpfen und Ihre Alltagsthemen aufzunehmen.

Die Fokus-Scorecard für Tag 8

	+++	++	+	+/–	–	––	–––	
Ich verstehe, worum es bei der Rolle des fokussierten Golfers geht.	7	6	5	4	3	2	1	Ich verstehe noch nicht, worum es bei der Rolle des fokussierten Golfers geht.
Ich weiß, wie sich »fokussierter Golfer« für mich persönlich definiert.	7	6	5	4	3	2	1	Ich weiß noch nicht, wie sich »fokussierter Golfer« für mich persönlich definiert.
Es fällt mir leicht, meine Alltagsthemen vor Training oder Spiel beiseitezulegen.	7	6	5	4	3	2	1	Es fällt mir noch nicht leicht, meine Alltagsthemen vor Training oder Spiel beiseitezulegen.
Ich kann bewusst in die Rolle des fokussierten Golfers wechseln.	7	6	5	4	3	2	1	Ich kann noch nicht bewusst in die Rolle des fokussierten Golfers wechseln.
Summen								

Tag-8-Score (Gesamtsumme : 4) =
Übertragen Sie Ihren Tag-8-Score in das Auswertungsprofil 1 auf Seite 14.

Ihre Notizen zu Tag 8

Tag 9 – Bestandsaufnahme und Weiterentwicklung Ihres Golf-Fokus

»Geht raus, gebt Euer Bestes und denkt nicht nach!«
Judy Rankin, US Solheim-Cup Captain

Ihre heutigen Ziele

- Ihre Fokussierungsfähigkeiten beurteilen können
- Stärken und Verbesserungsmöglichkeiten herausarbeiten können
- »Über den Tag hinaus« an Ihrem überlegenen Golf-Fokus weiterarbeiten können

Ihre Vorbereitung

»... und schaue nach der Runde und kontinuierlich drauf, was gut war und was verbessert werden kann«, ließe sich obiges Zitat ergänzen.
Ihr Weg zum überlegenen Golf-Fokus ist nicht mit dem Durcharbeiten und Umsetzen der Aufgaben und Übungen dieses Arbeitsbuches zu Ende, wenngleich Sie hoffentlich ein gutes Stück des Weges vorangekommen sind. Weiter zu üben und zu fragen, wo Sie derzeit stehen und wie Sie noch besser werden können, ist Pflicht. Eine objektivierende Bestandsaufnahme hilft Ihnen dabei, entsprechende Bereiche zu identifizieren, sich über Ihre Erfolge zu freuen und die nächsten Maßnahmen anzugehen.

Hierfür bietet Ihnen dieses Kapitel zwei Instrumente:

- Eine »Basis-Lösung« (Fokus-Scorecard I)
- Eine »Profi-Lösung« (Fokus-Scorecard II inklusive Auswertungsprogramm)

Beide lassen sich jede für sich oder auch gemeinsam einsetzen – entscheidend ist, die eigenen Fokussierungsfähigkeiten kontinuierlich zu beurteilen und weiterzuentwickeln. Ob dies nach jeder Runde (derzeit sicher sinnvoll) oder in Intervallen erfolgt, bleibt Ihnen überlassen. »Golf ist Selbstmanagement«, gilt auch hier.

Welche mentalen Stärken will ich wie ausbauen? Wo will ich wie mental stärker werden? Wie erreiche ich dies/welche Unterstützung hole ich mir dafür? Drei zentrale Fragen für Top-SpielerInnen, die es werden oder bleiben wollen.

Welche Fähigkeiten sollen Sie überprüfen?

Ganz einfach: die, die Sie sich in den vergangenen acht Tagen erarbeitet haben.

- Ihre Fähigkeiten zu fokussieren
- Ihre Fähigkeiten, Störungen und Ablenkungen zu identifizieren
- Ihre Fähigkeiten, Reaktionen auf Störungen und Ablenkungen wahrzunehmen
- Ihre Fähigkeiten zu refokussieren

Die Fokus-Scorecard I tut dies im kurzen, schnellen Überblick nach der Runde. Fokus-Scorecard II erfasst – bei ganz professionellem Vorgehen während der Runde ausgefüllt – mehr Details und wertet mit dem auf der CD beigefügten Programm die Daten aus, um feiner gesteuerte Entwicklungsarbeit zu ermöglichen. Gemeinsam ist beiden Fokus-Scorecards, dass sie Ihnen natürlich auch Ihre Stärken zeigen. Und es gehört ein Arbeitsblatt dazu, um entsprechende Weiterentwicklungsschritte einzuleiten.

Ihr Training

Fokus-Scorecard I

Beantworten Sie unmittelbar nach einer Runde rückblickend (sozusagen als Fokus auf die eben gespielte Runde) die Fragen der unten stehenden Fokus-Scorecard I. Lautet Ihre Antwort »gut«, tragen Sie eine 1 ein, bei »mittel« eine 2 und bei »schlecht«

Fokus-Scorecard I

Heutige Runde: Wie gelang es Ihnen ...	gut (= 1)	mittel (=2)	schlecht (=3)
... vor der Runde in die Rolle des fokussierten Golfers zu schlüpfen?			
... sich, insgesamt betrachtet, auf Schläge und Situationen zu fokussieren?			
... innere Störungen und Ablenkungen zu identifizieren?			
... äußere Störungen und Ablenkungen zu identifizieren?			
... sich auf schlagbezogene Informationen zu fokussieren?			
... nicht-schlagbezogene Informationen auszublenden?			
... Ihre Reaktion(en) auf Störungen und Ablenkungen wahrzunehmen?			
... Störungen nicht weiter zu vertiefen?			
... sich zu refokussieren?			
Summen			
Fokus-Score (Summe »gut« + Summe »mittel« + Summe »schlecht«)			
Datum/Zeit: Rahmenbedingungen:	Platz:		

eine 3. Addieren Sie die Zahlen in jeder Spalte und anschließend die drei Summen zum Gesamt-Score. Im besten Fall sind Sie einstellig (Glückwunsch!), im schlechtesten Fall der HCP-Klasse 5 zugehörig – natürlich jeweils auf Ihren Golf-Fokus bezogen. Begleiten Sie Ihre Entwicklung zum überlegenen Golf-Fokus mit möglichst vielen Bestandsaufnahmen und entsprechenden Maßnahmen. Halten Sie Ihre Fokus-Scores mit dem jeweiligen Datum fest, damit Sie den Verlauf (Längsschnitt) Ihrer Entwicklung verfolgen können. Wichtig: Überlegen Sie bitte gleich nach dem Ausfüllen, was Sie aufgrund des heutigen Fokus-Scores und Ihrer Antworten im Arbeitsblatt ändern wollen, und wie und wann Sie dies tun. Vereinbaren Sie etwas Konkretes mit sich! Nutzen Sie – anhand der Ergebnisse und im Rückblick auf die Runde – das Arbeitsblatt auf Seite 75 zur Fokus-Scorecard I für Ihre Motivation und Weiterentwicklung.

Arbeitsblatt zur Fokus-Scorecard I

Überlegungen	Maßnahme
Was ist mir auf dieser Runde, mit Blick auf meinen Golf-Fokus, gut gelungen?	
Was will ich, mit Blick auf meinen Golf-Fokus, verbessern?	
Welche Störungen und Ablenkungen habe ich gut gemeistert?	
Wie?	
Mit welchen Störungen und Ablenkungen hatte ich Schwierigkeiten?	
Was hätte ich dagegen tun können?	
Wie gelang es mir, mich zu refokussieren (drei W)?	
Was nehme ich daraus mit oder was will ich verbessern?	
Was werde ich wann konkret tun, um meinen Fokus zu stärken?	
Was werde ich wann konkret tun, um mich intensiver auf schlagbezogene Informationen zu fokussieren?	
Was werde ich wann konkret tun, um Störungen und Ablenkungen noch besser zu bewältigen?	
Was werde ich wann konkret tun, um mich noch besser zu refokussieren?	

Fokus-Scorecard II

Diese Scorecard ist gemacht, um während der Runde ausgefüllt zu werden, entweder nach jedem Schlag oder vor dem nächsten Abschlag, dann auf das eben gespielte Loch rückblickend. Entsprechende Zeit(planung) vorausgesetzt. Die Scorecard kann auch am Ende einer Runde bearbeitet werden, was nur die drittbeste Lösung darstellt, denn sie ist mit mehr Erinnerungsarbeit verbunden. Fokus-Scorecard II ist einfach auszufüllen: Halten Sie per Strichliste in den jeweiligen Zellen fest, ob Sie fokussiert waren, es Störungen gab, Sie re-

Fokus-Scorecard II

Loch	Par	Score	Fokus auf Schlag	Fokus auf Vorbereitg.	Störung von innen	Noch vertieft	Re-fokussiert	Störung von außen	Noch vertieft	Re-fokussiert	Anmerkung
1											
2											
3											
4											
5											
6											
7											
8											
9											
IN											
10											
11											
12											
13											
14											
15											
16											
17											
18											
OUT											
Total											

Datum/Zeit: Platz:
Rahmenbedingungen:

fokussiert haben etc. Raum für Notizen, z. B. worin eine Störung bestand oder was Ihnen besonders gut gelang, ist vorhanden. Die Auswertung überlassen Sie dem auf der CD beigefügten PC-Programm zur Fokus-Scorecard II, das Ihnen die entsprechenden Häufigkeiten und Relationen automatisch berechnet. Es ist dazu lediglich erforderlich, die Werte der IN- und OUT-Zeilen einzugeben. Die Total-Summen berechnet bereits wieder das Programm. Ein Beispiel zeigt die unten stehende Tabelle:
Bei einem Mausklick auf die einzelnen Ergebnisse in der Total-Spalte erhalten Sie Informationen, wie Sie Ihr jeweiliges Ergebnis interpretieren können. Hier ein Beispiel:
Zwei Grafiken veranschaulichen Ihnen Ihr Ergebnis (siehe Seite 78).

Ergebnisbeispiel

- 100 % sind Pflicht.
- Wollen Sie Ihr Spiel beherrschen oder wollen Sie sich selbst stören und sich dann auf die Störung konzentrieren?
- Bei weniger als 90 % besteht dringender Handlungsbedarf.
- An den drei W arbeiten.

Anmerkung

Die Ergebnistabelle zeigt beim Öffnen Informationen wie beispielsweise »#Div/0!«, die dann bei der Dateneingabe und Berechnung automatisch durch Ihre Ergebniswerte ersetzt werden.

Fokuswerte für meine Runde vom 03.10.2008

Heutige Runde: Wie »gut«, »mittel« oder »schlecht« gelang es Ihnen …	Front 9 (Löcher 1 bis 9)	Back 9 (Löcher 10 bis 18)	Total
Fokussierte Schläge	97,4 %	90,9 %	**94,0 %**
Fokussierte Vorbereitung	90,9 %	94,0 %	**91,6 %**
Störungen insgesamt	15,4 %	13,6 %	**14,5 %**
Davon vertieft	50,0 %	16,7 %	**33,3 %**
Davon refokussiert	50,0 %	66,7 %	**58,3 %**
Störungen von innen	7,7 %	9,1 %	**8,4 %**
Davon vertieft	33,3 %	25,0 %	**28,6 %**
Davon refokussiert	33,3 %	50,0 %	**42,9 %**
Störungen von außen	7,7 %	4,5 %	**6,0 %**
Davon vertieft	66,7 %	0,0 %	**40,0 %**
Davon refokussiert	66,7 %	100,0 %	**80,0 %**
Innere gegen äußere Störungen	1,0	2,0	**1,4**

Grafische Auswertungen der Fokus-Scorecard II

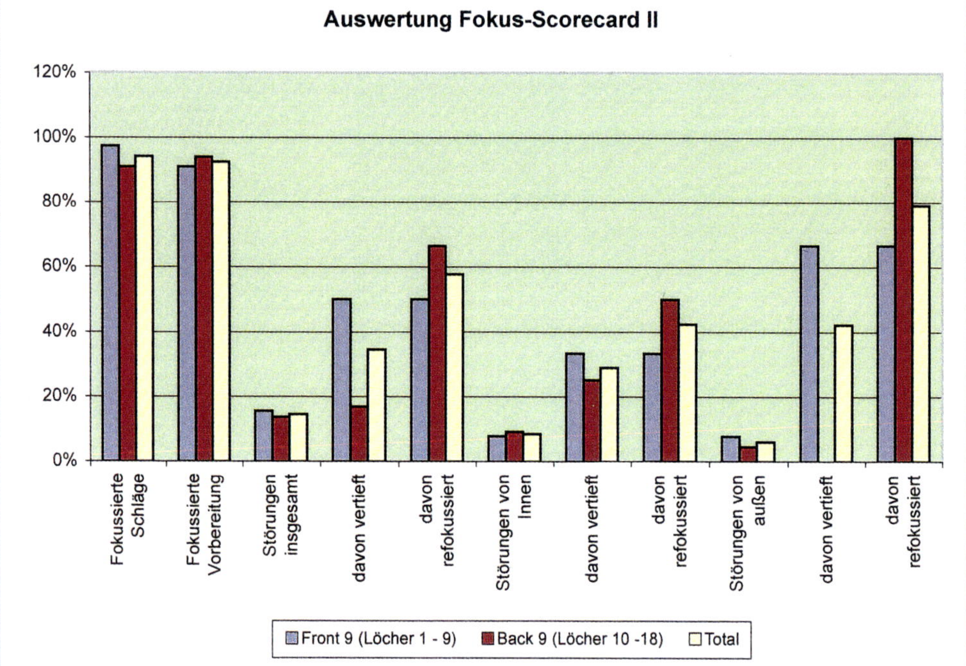

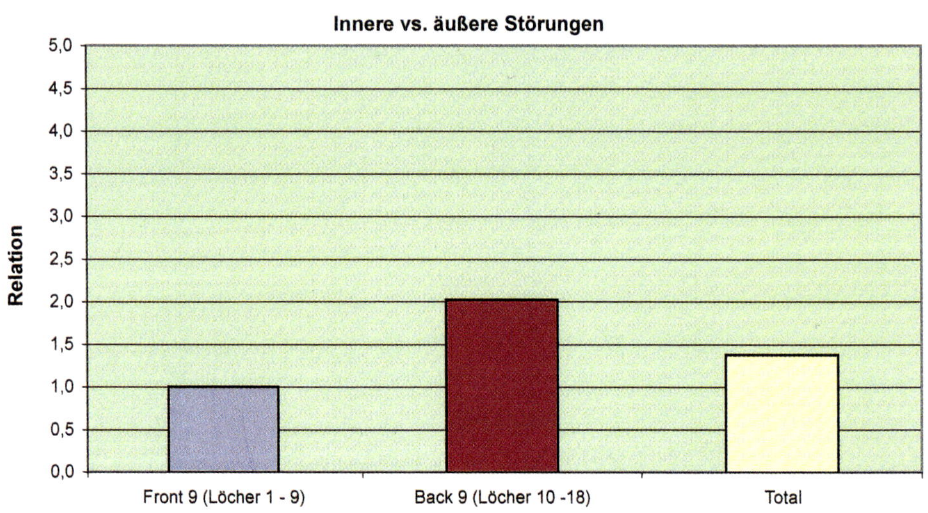

Arbeitsblatt zur Fokus-Scorecard II

Fragen	Ihre Antworten
Welche Werte liegen im »grünen Bereich«? (Lesen Sie zur Beurteilung die beim Klick auf die roten Dreiecke erscheinenden Kommentare in der Ergebnistabelle.)	
Welche Werte liegen im »roten Bereich«? Woran sollten Sie arbeiten?	
Wo sind Sie besser: Front 9 oder Back 9 bezüglich: • Fokus • Innere Störungen • Deren Vertiefung • Deren Refokussierung • Äußere Störungen • Deren Vertiefung • Deren Refokussierung	
Abhilfe dafür?	
Welches sind Ihre besten/kritischsten Löcher oder Zeitpunkte bezüglich Fokus, Störung und Refokussierung? • Die besten • Die kritischsten	
Welches waren die förderlichsten Situationen oder Maßnahmen, welche die kritischsten Ablenkungen? • Die förderlichsten • Die kritischsten	
Was wollen Sie mit Blick auf die Ergebnisse und Antworten tun, um Ihren Golf-Fokus weiter zu verbessern?	1. 2. 3.

Wichtig

Es kommt letztlich darauf an, zu tun, zu verändern und sich weiterzuentwickeln. Wenn es beim reinen Tabellenausfüllen bleibt und keine wirklichen Taten folgen, hätten Sie Ihre Zeit genuss- und sinnvoller nutzen können (diese letzte Anmerkung sei nochmals gestattet). Nur die konkrete Umsetzung zählt.

So intensivieren Sie Ihren Golf-Fokus

Hören Sie nun Track 9 auf der CD, am besten an einem im Lauf der nächsten 20 Minuten ungestörten Ort. Während dieser Vorstellungsreise zu Ihrem überlegenen Golf-Fokus werden Sie folgenden intensivierenden Sätzen begegnen:

25. »Es ist für mich selbstverständlich, mir einen Überblick zu verschaffen, wo ich mit meinem Golf-Fokus stehe.«
26. »Ich gestatte mir, meine Stärken und meine Verbesserungschancen objektiv herauszuarbeiten.«
27. »Ich gestatte mir, Spaß daran zu haben, meine Fähigkeiten zu einem überlegenen Golf-Fokus immer weiter zu verfeinern.«

Wichtig ist, dass Sie diese Sätze nicht nur für sich selbst wiederholen, also zu sich selbst sagen, sondern auch ein positives Gefühl dabei empfinden. Sollte dies nicht möglich sein, lassen Sie den Satz ganz einfach weg.

Ebenso wichtig: Wenn Ihnen eine andere Formulierung mehr liegen sollte, bauen Sie bitte die Sätze so um, dass sie für Sie stimmig sind und Ihnen Wohlgefühl vermitteln. Verwenden Sie dann auf der CD den separaten Track.

Die Praxisaufgaben für Ihren Golf-Fokus

- Füllen Sie alternierend Fokus-Scorecard I und Fokus-Scorecard II, jeweils inklusive der Arbeitsblätter, für Ihre nächsten sechs Trainingseinheiten und zehn Runden aus.
- Erstellen Sie eine Längsschnittgrafik, um Ihre Entwicklung zu verfolgen und zu steuern. Eine Vorlage für die Fokus-Scorecard I und PC-Programme (Excel-Auswertung) für die beiden Scorecards I und II finden Sie auf der diesem Buch beiliegenden CD.
- Machen Sie sich nach jedem Ausfüllen Ihre Stärken bewusst und üben Sie diese weiter.
- Erarbeiten Sie nach jedem Ausfüllen konkrete Weiterentwicklungsschritte (»Wo liegen die größten Chancen zur Verbesserung?«) und setzen Sie diese konsequent um.
- Füllen Sie nach dem in der ersten Aufgabe genannten Zeitraum die Fokus-Scorecard(s) in Ihrem Leistungsstand angemessenen Intervallen aus. Richten Sie diese Intervalllängen an Ihren Ergebnissen und Ihrem Gefühl aus. Seien Sie konsequent.

Die Fokus-Scorecard für Tag 9

	+++	++	+	+/–	–	––	–––	
Ich verstehe, wie ich meine Fokusfähigkeiten beurteilen kann.	7	6	5	4	3	2	1	Ich verstehe noch nicht, wie ich meine Fokusfähigkeiten beurteilen kann.
Ich verstehe, wie ich meine Stärken und Weiterentwicklungsmöglichkeiten herausarbeiten kann.	7	6	5	4	3	2	1	Ich verstehe noch nicht, wie ich meine Stärken und Weiterentwicklungsmöglichkeiten herausarbeiten kann.
Ich finde es wichtig, mir (in gewissen Zeitabständen) einen objektiven Überblick über den Stand meiner Fokusfähigkeiten zu verschaffen.	7	6	5	4	3	2	1	Ich finde es noch nicht wichtig, mir (in gewissen Zeitabständen) einen objektiven Überblick über den Stand meiner Fokusfähigkeiten zu verschaffen.
Ich bin entschlossen, an der Entwicklung eines überlegenen Golf-Fokus weiterzuarbeiten.	7	6	5	4	3	2	1	Ich bin noch nicht entschlossen, an der Entwicklung eines überlegenen Golf-Fokus weiterzuarbeiten.
Summen								

Tag-9-Score (Gesamtsumme : 4) =

Übertragen Sie Ihren Tag-9-Score in das Auswertungsprofil 1 auf Seite 14.

Ihre Notizen zu Tag 9

Bleiben Sie in Übung

»Man kann beeinflussen, was passiert, mit dem Körper, mit dem Geist. Der Geist ist unglaublich stark. Man kann sagen: ›Ich möchte diesen Ball nahe zum Loch spielen.‹ Das ist, wenn der Geist ins Spiel kommt. Man muss positiv denken. Alle guten Spieler arbeiten so.«
Byron Nelson

Gratulation! Sie haben dieses Buch durchgearbeitet, Energie und Zeit investiert, sich engagiert, um auf Ihrem Weg zum fokussierten Golfer weiterzukommen. Sie sind damit vielen Golfern und Golferinnen ein Stück voraus und haben bereits weit mehr unternommen als die meisten von ihnen. Sie wurden und sind aktiv, um Ihr »Mental Game« zu verbessern, mit sich und Ihrem Spiel weiterzukommen, Ihr golferisches Potenzial besser zu entfalten.

Halten Sie einen Moment inne, um sich dafür zu loben und stolz auf sich zu sein (ja, auch das darf manchmal sein).

Gratulation für Ihre Arbei bis hierhin. Ihren ersten Pokal haben Sie verdient. Wie geht es weiter? Wann lassen Sie den nächsten folgen?

Um meinen Golf-Fokus weiterzuentwickeln, beabsichtige ich …

… Folgendes zu tun	Anmerkung
1.	
2.	
3.	
4.	
5.	

Wie geht's jetzt weiter?

Außer Ihnen wird Sie niemand abhalten, diesen Weg weiter zu beschreiten. Erfolg und Weiterentwicklung sind freiwillig. Neue Fertigkeiten werden in der Regel in drei Schritten erworben: Der erste ist zu verstehen, der zweite anzuwenden und der dritte zu üben. Die ersten beiden Schritte Ihres Prozesses zum Experten sind wir gemeinsam gegangen. Für den letzten brauchen Sie Ihre Motivation, Ihr Engagement und Ihre Konsequenz, Ihrem Trainingsprogramm verpflichtet zu bleiben.

Was also nehmen Sie sich vor, um Ihren überlegenen Golf-Fokus und damit natürlich Ihr Spiel – über das Lesen dieses letzten Kapitels hinaus – voranzutreiben? Tragen Sie Ihre fünf wichtigsten Ideen, was Sie dafür tun wollen, in die folgende Tabelle ein. Entwickeln Sie bitte erst Ihre eigenen Vorstellungen, bevor Sie sich die Beispielmöglichkeiten auf Seite 84 ansehen.

Mögliche Absichten für das weitere Tun

- Bei einem Schlag oder seiner Vorbereitung gedanklich und gefühlsmäßig in der Gegenwart bleiben, nicht in Vergangenheit oder Zukunft abschweifen
- Auf Störungen und Ablenkungen so umfassend wie möglich vorbereitet sein
- Die Fokus-Scorecards und Arbeitsblätter regelmäßig ausfüllen und nutzen
- In regelmäßigen Abständen mein Fokusprofil in diesem Buch aktualisieren
- Meine Reaktion auf Störungen bewusst wahrnehmen
- Mit Störungen gelassen umgehen
- Meine inneren Störungen auf Null reduzieren
- Die Rolle des fokussierten Golfers vor Training oder Runde einnehmen
- Meine Alltagsthemen wegpacken und erst nach der Runde wieder hervorholen
- Mit Verlassen des Clubs, des Trainings oder der Runde gedanklich und gefühlsmäßig alles dort zurücklassen
- Konsequent die drei W zum Refokussieren nutzen
- Störungen schnell erkennen und schnell entscheiden, ob weitermachen oder neu beginnen
- Erkennen, wenn mein Fokus schwächelt oder zusammenbricht – und dann entsprechend gegensteuern
- Mich auf das konzentrieren, was ich kontrollieren kann
- So optimal fokussieren, wie es mir möglich ist
- Das Fokussieren genießen
- Kraft, Selbstvertrauen und Freude aus gelungenen Fokussierungen ziehen
- Kraft, Selbstvertrauen und Freude aus erkannten oder bewältigten Störungen und Ablenkungen ziehen
- Alles identifizieren, was mich mit meinem Fokus weiterbringt
- Aktualisieren, was ich brauche, um mich optimal zu fokussieren
- Konsequent an meiner Fähigkeit zum Fokussieren weiterarbeiten (wie, was?)
- Dieses Arbeitsbuch wieder bearbeiten (wann?)
- ...

Ein Vorschlag: Nehmen Sie (wenigstens) einmal im Monat dieses Arbeitsbuch zur Hand und blättern Sie darin. Sie werden stets etwas Neues finden, das Sie wieder weiterbringt, egal wie Ihr aktueller Entwicklungsstand ist. Picken Sie sich auch nach Lust oder Notwendigkeit ein oder zwei der Praxisaufgaben zur Umsetzung heraus. Die Zusammenfassung der täglichen Haus- oder besser Range- und Platzaufgaben finden Sie ab Seite 88.

Rundenkärtchen als Impuls für Sie

Wie wäre es mit einem Impulsgeber, der Sie unaufdringlich und stets hilfsbereit auf der Runde begleitet (selbstverständlich nur auf Ihren Wunsch und im Rahmen Ihrer Bedürfnisse)? Wenn Sie antworten: »Nicht schlecht«, gäbe es da etwas: kleine Impulsgeber, die Sie in der Score-Karte oder in einer kleinen Hülle im Scheckkartenformat mitführen können, die »Fokus-Rundenkärtchen«. Wie können Sie sie nutzen? Kopieren Sie die Vorlage auf Seite 93 auf kräftiges Papier. Schneiden Sie die Kärtchen dann aus und nehmen sie mit auf den Golfplatz. Es hat sich bewährt, eine oder maximal zwei pro Runde mitzunehmen und bei Bedarf oder automatisch beim Eintragen des Scores anzuschauen. Bei der Verwendung von zwei Kärtchen bietet sich an, sie lochweise abzuwechseln. Möglich ist auch, sich das Kärtchen 1 an den Front 9 und die Nr. 2 an den Back 9 als Impuls zuzuführen und natürlich umzusetzen – denn darauf kommt es letztlich an. Wählen Sie die Kärtchen entweder nach Gefühl aus (»Was wäre gerade gut für mich?«), nach Zufallsprinzip oder gezielt.

Die Fokus-Rundenkärtchen haben folgende Impulstexte:

1. Auf das fokussieren, was ich kontrollieren kann
2. Aus jeder Fokussierung lernen
3. Auf schlagbezogene Informationen fokussieren
4. Mit den drei W refokussieren
5. Bewusst wahrnehmen, wie ich auf Störungen und Ablenkungen reagiere
6. Rolle des fokussierten Golfers einnehmen – Alltagsthemen wegpacken
7. Bewusst wahrnehmen, was meinen Fokus unterstützt
8. Mit Störungen und Ablenkungen gelassen umgehen
9. Fokussieren genießen
10. So optimal fokussieren, wie ich kann

Wenn es weitere Impulse gibt, die Ihnen nützen: Schreiben Sie sie ebenfalls auf Kärtchen und nehmen Sie sie mit auf die Runde. In der Liste auf Seite 84 ist noch eine Zeile unausgefüllt. Bitte tragen Sie dort noch ein: Fokus-Rundenkärtchen regelmäßig auf die Runde mitnehmen.

Die Praxisaufgaben zum Abschluss

Hier die letzten Praxisaufgaben dieses Arbeitsbuches in der Zusammenfassung:

- In der Liste auf Seite 84 (möglichst auch auf Seite 83) eintragen: Fokus-Rundenkärtchen einsetzen.
- Fokus-Rundenkärtchen ein- bis zweimal pro Woche auf der Runde einsetzen.
- Wählen Sie ein- bis zweimal pro Monat aus der Zusammenfassung der Praxisaufgaben (Seite 88 ff.) drei Aufgaben aus – nach Gefühl, Zufallsprinzip oder gezielt – und setzen Sie diese um.

So, nun sind wir am Ende dieser gemeinsamen Teilstrecke des Weges zum überlegenen Golf-Fokus angelangt. Wenn Sie weitermachen möchten: Workshop- und Coaching-Möglichkeiten finden Sie auf www.golfpower.info. Ich danke Ihnen für Ihre Mitarbeit, wünsche Ihnen ein schönes, fokussiertes Spiel und viel Erfolg (nicht nur beim Golf).

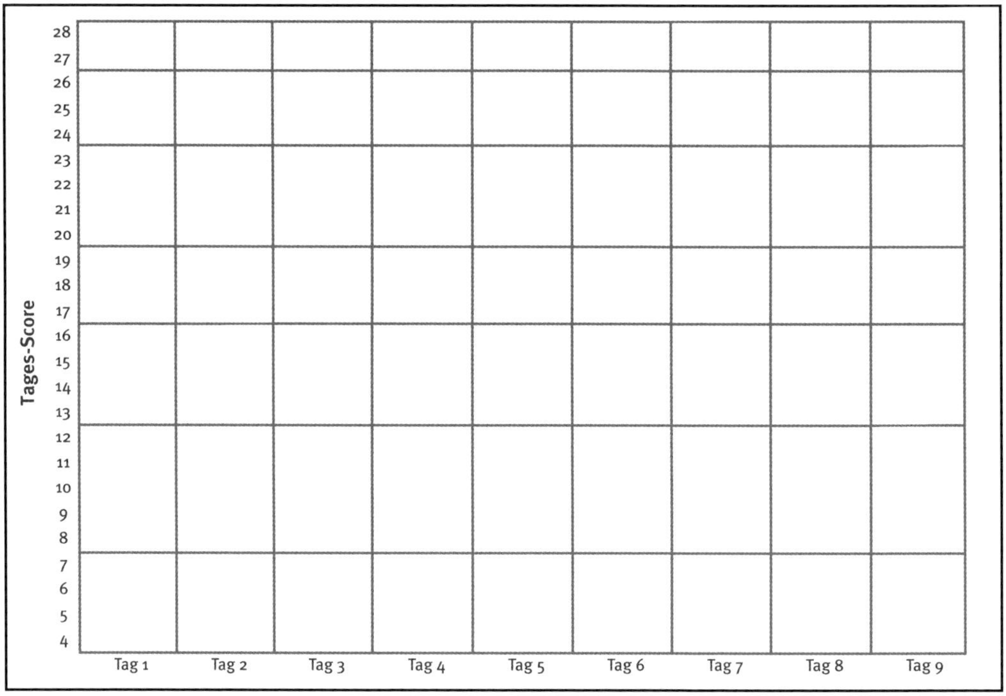

Schläger und Schläge

Datum					
Schläger	Schlag*	Schlag*	Schlag*	Schlag*	Schlag*
Driver					
Holz 3					
Holz 5					
Rescue 3					
Rescue 5					
Rescue 7					
Eisen 2					
Eisen 3					
Eisen 4					
Eisen 5					
Eisen 6					
Eisen 7					
Eisen 8					
Eisen 9					
PW					
Mid-W					
SW					
LW					
Putter					

* z. B. P für Pitch, C für Chip, F für Fairway-Schlag usw. eintragen. Auswertung kann nach Schlägern und Schlagarten erfolgen.

Die für mich wesentlichen schlagbezogenen Informationen

Schlag	Für mich wesentliche schlagbezogene Informationen

Von schlagunwichtigen zu schlagbezogenen Informationen

Schlagunwichtige Information wird ersetzt durch ...	Schlagbezogene Information

Zusammenfassung der Praxisaufgaben

Tag	Aufgaben	Erledigt am	Wiederholt an folgenden Tagen
1	• Achten Sie bewusst darauf, wie intensiv Sie sich bei Spiel und Training worauf konzentrieren. Wobei fällt es Ihnen leicht, sich (voll) zu fokussieren? Und wo nicht? Nutzen Sie die Tabelle »Ich fokussiere …« auf Seite 23, um dies festzuhalten. Trainieren Sie im Lauf der kommenden Tage bzw. Kapitel insbesondere die Top 3 Ihrer Liste aus jeder Kategorie.		
	• Wenn Sie beim Training oder auf der Runde optimal fokussiert waren, aktualisieren und ergänzen Sie die Tabelle »Mein Zone-Zustand« auf Seite 20 oben.		
	• Aktualisieren Sie entsprechend Ihre Top-5-Liste auf Seite 20 unten – es darf auch eine Zusammenstellung von mehr als fünf Punkten daraus werden.		
	• Üben Sie so oft wie möglich, sich in die genannten Qualitäten zu versetzen (auch außerhalb des Golfgeländes) und sich optimal zu fokussieren.		
2	• Achten Sie bewusst darauf, welche internen und/oder externen Störungen bei Ihrem Spiel und Ihrem Training auftreten. Aktualisieren Sie entsprechend die beiden Kästen auf Seite 25 sowie die Tabelle auf Seite 26.		
	• Halten Sie in der Liste »Auftreten von Störungen und Ablenkungen« auf Seite 28 fest, wie häufig diese Störungen und Ablenkungen auftreten.		
	• Welche dieser Störungen und Ablenkungen sind für Sie die intensivsten, d. h., durch welche werden Sie am stärksten abgelenkt oder gestört? Schreiben Sie auch die jeweilige Intensität dazu.		
	• Werten Sie anschließend die Liste »Auftreten von Störungen und Ablenkungen« aus und tragen Sie in die darunter stehende Tabelle die beiden internen und externen Störungen und Ablenkungen ein, die bei Ihnen am intensivsten und häufigsten auftreten.		

Zusammenfassung der Praxisaufgaben

Tag	Aufgaben	Erledigt am	Wiederholt an folgenden Tagen
3	• Achten Sie bewusst auf Ihre typischen Reaktionen bei internen und externen Störungen während Spiel und Training. Ergänzen und aktualisieren Sie entsprechend die Tabelle auf Seite 32.		
	• Erweitern Sie die Zusammenstellung Ihrer typischen Reaktionen auf die in den beiden Kästen auf Seite 25 genannten Störungen und Ablenkungen. Zur Erfassung verwenden Sie die Tabelle auf Seite 34.		
	• Entwickeln Sie auch für diese alternative, für Sie »ideale« Reaktionsmöglichkeiten und tragen Sie sie in die untere Tabelle auf Seite 34 ein.		
	• Trainieren Sie während der nächsten fünf Trainingseinheiten und Runden bewusst, Ihre Gedanken, Gefühle und körperliche Befindlichkeit schnell und ohne Bewertung wahrzunehmen (»Momentaufnahme machen«).		
4	• Ergänzen oder überarbeiten Sie Ihre Liste aller schlagbezogenen Informationen für die unterschiedlichen Schläge, die Sie spielen, anhand Ihrer Beobachtung während der nächsten drei Trainingseinheiten und Runden.		
	• Trainieren Sie auf der Range, die entsprechenden Schläge wie auf dem Platz zu spielen, d. h., zu einem bestimmten Ziel, mit allen Routinen und mit dem Schwerpunkt, sich auf die jeweiligen schlagbezogenen Informationen zu fokussieren.		
	• Finden Sie dabei heraus, welche dieser Informationen Sie unbedingt verarbeiten sollten und welche verzichtbar sind (»Weniger ist mehr«). Tragen Sie diese Informationen in das Arbeitsblatt »Die für mich wesentlichen schlagbezogenen Informationen« auf Seite 87 ein.		
	• Testen Sie auf der Runde, wie dies greift, und verändern Sie wo und wie erforderlich.		

Zusammenfassung der Praxisaufgaben

Tag	Aufgaben	Erledigt am	Wiederholt an folgenden Tagen
5	• Komplettieren Sie die Zusammenstellung der schlagunwichtigen Informationen für die in der Tabelle auf Seite 44 noch nicht erfassten Schläge Ihres Arbeitsblatts »Die für mich wesentlichen schlagbezogenen Informationen« (Seite 87). Nutzen Sie dazu die Tabelle »Schlagunwichtige Informationen« auf Seite 46.		
	• Beobachten Sie während der nächsten drei Trainingseinheiten und Runden, welche schlagunwichtigen Informationen bei Ihnen auftreten, und ergänzen oder überarbeiten Sie die Tabellen auf Seite 44 und 46 entsprechend.		
	• Überlegen Sie, von welcher schlagunwichtigen Information Sie sich blitzschnell auf welche schlagbezogene Information refokussieren wollen (Vorbereitung macht 90 Prozent des Erfolges aus).		
	• Verwenden Sie dazu das Arbeitsblatt »Von schlagunwichtigen zu schlagbezogenen Informationen«, das Sie auf Seite 87 finden.		
	• Testen Sie dies auf Driving Range und Platz und finden Sie das für Sie passende Vorgehen heraus.		
6	• Investieren Sie dreimal 15 Minuten Ihrer Zeit und machen Sie mindestens dreimal am Tag die 5-Minuten-Fokussierungsübung (Seite 50 ff.).		
	• Achten Sie darauf, bei welchem Teil welche Schwierigkeiten zu fokussieren auftauchen, und üben Sie dann entsprechend.		
	• Kürzen Sie sukzessive die Dauer der einzelnen Teile auf jeweils fünf Sekunden und versuchen Sie, gleich viele Informationen zu sammeln.		
	• Trainieren Sie die Schnellfassung (wie Teile 5 und 6) fünfmal pro Aufenthalt auf Driving Range und Platz.		

Zusammenfassung der Praxisaufgaben

Tag	Aufgaben	Erledigt am	Wiederholt an folgenden Tagen
	• Ergänzen oder überarbeiten Sie die Tabelle »Fokusbereiche« (Seite 52) entsprechend Ihren Beobachtungen während der nächsten drei Runden. Das Ziel ist es, Ihren Fokus zu automatisieren, d. h. die Bereiche ohne Nachdenken voll fokussiert in (nahezu) immer gleicher Weise abzuarbeiten.		
7	• Üben Sie dreimal pro Tag Teil 5 der 5-Minuten-Refokussierungsübung (Seite 59).		
	• Versuchen Sie während der nächsten fünf Trainingseinheiten und Runden, sich mit den drei W zu refokussieren. Ergänzen und erweitern Sie entsprechend die Tabellen auf Seite 59 und 60.		
	• Praktizieren Sie die Kurzform der drei W und entwickeln Sie aufgrund Ihrer Erfahrungen das für Sie passende Vorgehen.		
	• Setzen Sie, wenn Sie möchten, die drei W auch außerhalb des Golfplatzes ein.		
8	• Trainieren Sie während der nächsten fünf Tage mindestens dreimal pro Tag, bewusst die Rolle des fokussierten Golfers einzunehmen und wieder zu verlassen (siehe Übung Seite 70 f.).		
	• Beginnen Sie die Rolle des fokussierten Golfers konsequent mit der Einstellungsänderung entsprechend der Tabelle auf Seite 67.		
	• Finden Sie durch Ausprobieren heraus, an welchem Ort und zu welcher Zeit Sie am effektivsten Ihre Alltagsthemen beiseitelegen können.		
	• Finden Sie durch Ausprobieren heraus, welches die für Sie effektivste Methode ist, Ihre Alltagsthemen beiseitezulegen.		
	• Erweitern und ergänzen Sie die Tabellen auf Seite 67 und 69 aufgrund der gemachten Erfahrungen.		

Zusammenfassung der Praxisaufgaben

Tag	Aufgaben	Erledigt am	Wiederholt an folgenden Tagen
	• Halten Sie Tabelle Ihrer momentanen Lebenssituation (Seite 66) stets auf aktuellem Stand.		
	• Trainieren Sie konsequent, wieder aus der Rolle des fokussierten Golfers zu schlüpfen und Ihre Alltagsthemen aufzunehmen.		
9	• Füllen Sie alternierend Fokus-Scorecard I und Fokus-Scorecard II, jeweils inklusive der Arbeitsblätter, für Ihre nächsten sechs Trainingseinheiten und zehn Runden aus.		
	• Erstellen Sie eine Längsschnittgrafik, um Ihre Entwicklung zu verfolgen und zu steuern. Eine Vorlage für Fokus-Scorecard I und PC-Programme für die beiden Scorecards I und II finden Sie auf der CD.		
	• Machen Sie sich nach jedem Ausfüllen Ihre Stärken bewusst und üben Sie diese weiter.		
	• Erarbeiten Sie nach jedem Ausfüllen konkrete Weiterentwicklungsschritte (»Wo liegen die größten Chancen zur Verbesserung?«) und setzen Sie diese konsequent um.		
	• Füllen Sie nach dem in der ersten Aufgabe genannten Zeitraum die Fokus-Scorecard(s) in Ihrem Leistungsstand angemessenen Intervallen aus. Richten Sie diese Intervalle an Ihren Ergebnissen und Ihrem Gefühl aus. Seien Sie konsequent.		
X	• In der Liste auf Seite 84 (möglichst auch auf Seite 83) eintragen: Fokus-Rundenkärtchen einsetzen.		
	• Fokus-Rundenkärtchen ein- bis zweimal pro Woche auf der Runde einsetzen.		
	• Wählen Sie ein- bis zweimal pro Monat aus der Zusammenfassung der Praxisaufgaben (Seite 88 ff.) drei Aufgaben aus – nach Gefühl, Zufallsprinzip oder gezielt – und setzen Sie diese um.		

Überlegener Golf-Fokus

Auf das fokussieren, was ich kontrollieren kann

Überlegener Golf-Fokus

Aus jeder Fokussierung lernen
(Was war gut? Was nehme ich mit?)

Überlegener Golf-Fokus

Auf schlagbezogene Informationen fokussieren

Überlegener Golf-Fokus

Mit den drei W refokussieren
- Wahrnehmen
- Wieder sammeln
- Wieder beginnen

Überlegener Golf-Fokus

Bewusst wahrnehmen, wie ich auf Störungen und Ablenkungen reagiere

Überlegener Golf-Fokus

Rolle des fokussierten Golfers einnehmen – Alltagsthemen wegpacken

Überlegener Golf-Fokus

Bewusst wahrnehmen, was meinen Fokus unterstützt
(Gedanken, Gefühle, Selbstgespräche, Atmung, Umgebung u. Ä.)

Überlegener Golf-Fokus

Mit Störungen und Ablenkungen gelassen umgehen

Überlegener Golf-Fokus

Fokussieren genießen

Überlegener Golf-Fokus

Ich fokussiere so optimal, wie ich kann

Stichwortverzeichnis

Über den Autor

Dr. Wolfgang Kuner ist zertifizierter Mental-Trainer und C-Lizenztrainer im Deutschen Golf Verband, er absolvierte diverse Weiterbildungen in psychologischen und kinesiologischen Methoden. In Workshops und Einzelcoachings führt er Golfer aller Leistungsstärken zu besseren Spielergebnissen und Handicaps. Zudem schreibt er eine Kolumne zum Thema »Golf Mentaltraining« in der Zeitschrift *Golf Journal*. Weitere Infos finden Sie unter: www.golfpower.info

Hinweise zur CD-ROM

Die diesem Buch beiligende CD-ROM enthält zwei verschiedene Teile:
Audio-Teil: Hier finden Sie die an den einzelnen Tagen vorgestellten »Hör-Aufgaben« mit den zugehörigen intensivierenden Sätzen. Arbeiten Sie mit Ihren eigenen Formulierungen, dann verwenden Sie den dafür gekennzeichneten separaten Track. Die auf den Tracks angesprochene Griffhaltung sehen Sie hier im oben stehenden Bild.

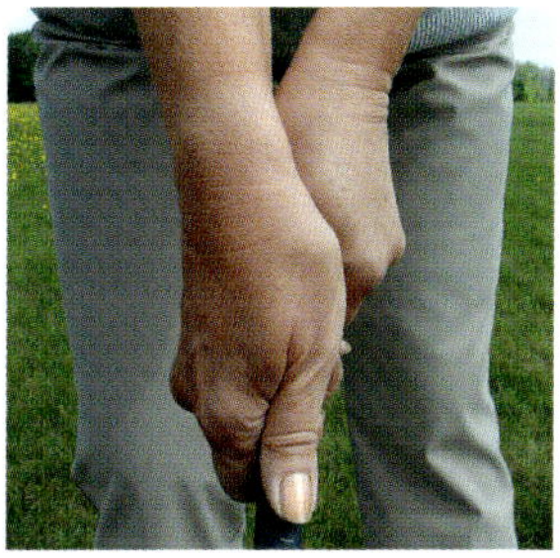

Score-Auswertungen: Auf diesem Teil der CD können Sie Ihre eigenen Score-Auswertungen vornehmen und als Diagramme ausdrucken. Voraussetzung dafür ist lediglich das Programm Excel 97 und höher bzw. entsprechende Open Office Programme.

Bibliographische Information der Deutschen Bibliothek

Die Deutsche Bibliothek verzeichnet diese Publikation in der Deutschen Nationalbibliographie; detaillierte bibliographische Daten sind im Internet über http://dnb.ddb.de abrufbar.

BLV Buchverlag GmbH & Co. KG
80797 München

Bildnachweis: Alle Fotos von Gettyimages, außer: Gallegos, Paul: S. 51; Kuner, Wolfgang: S. 95; Pixelio: S. 7; REUTERS/Eric Miller: S. 65

Umschlagfotos:
Vorderseite: Leonhard Lenz/jump
Rückseite: Gettyimages

Lektorat: Dr. Christiane Lentz
Herstellung: Angelika Tröger
DTP: Satz+Layout Peter Fruth GmbH, München

Gedruckt auf chlorfrei gebleichtem Papier

Printed in Germany
ISBN 978-3-8354-0554-7